結論を言おう、日本人にMBAはいらない

遠藤 功

角川新書

はじめに

日本人にMBAなんていらない！――それがビジネススクールで十三年間教えてきた私の結論だった。

MBAとは、Master of Business Administrationの略。「経営学修士」と呼ばれている。この学位は一九〇八年にハーバード大学で生まれ、米国ではビジネスで成功するためには必須と言われるほどに広がっている。

海外のトップビジネススクールのMBAを取得すれば、卒業後、二~三年以内に年収二〇〇〇万円も夢ではない。破格の待遇、さらなるキャリアアップをめざし、上昇志向の若者たちはトップスクールに押し寄せる。

MBAブームは米国から世界へと広がっている。欧州のみならず、中国、東南アジア、インドなどでもビジネススクールが次々に設立され、世界中の才能と野心溢れる若者たちをターゲットとして、熾烈《しれつ》な競争が繰り広げられている。

日本にもその波は押し寄せ、全国にビジネススクールが乱立している。

二〇〇三年度に文部科学省によって創設された「専門職大学院制度」が一つのきっかけとなり、現在では約八〇の大学が、一〇〇もの大学院レベルのビジネス教育プログラムを開設している。

その結果、日本でも毎年約五〇〇〇人のMBAが誕生している。ほんの十年ほど前は数百人程度だったのだから、まさに急増である。

しかし、日本の労働市場は海外とは大きく異なる。「頭でっかち」を嫌う多くの日本企業はMBAを歓迎しない。MBAを取得しても給与は上がらず、逆に職探しさえ苦労する。期待と希望は、落胆と失望へと変わる。それが日本のMBAの現実だ。

私は二〇〇五年に早稲田大学ビジネススクール（WBS）の教授に就任した。二〇〇三年から客員教授として教えていたので、その期間を含めると通算十三年にもなる。

日本経済の未来を築くエンジンとなるような次世代ビジネスリーダーを育てる一助になりたいという思いをもち、自分なりに奮闘努力してきた。しかし、大きな壁にぶつかり、限界を感じていた。

結論を言えば、ビジネススクールという「不完全な装置」では、優れた経営者やビジネスリーダーを育てるのはできないこと、そしてＭＢＡという「金メッキの勲章」には何の価値もないことを認めざるをえなかった。

ならば、去るしかない。私は二〇一六年三月、ＷＢＳの教授を退任した。七十歳の定年まで十年以上残っていたが、真のビジネスリーダーを育てられないと悟ったからには、ビジネススクールにいる意味はない。

私が辞めることを聞きつけた同僚の教員のなかには、こう言ってくる人が何人もいた。

「早稲田大学教授なんてなりたくてもなれない。そんな肩書を捨てるのはもったいない」

「あと十年以上も働けて、合計すれば一億円を超える収入が保証されている。そんな恵まれたポストをどうして手放すのか」

それでも私はビジネススクール教授を退任する道を選んだ。ＭＢＡを手に入れれば人生は変わるなどといった、誤った幻想を抱かせるビジネススクールという「無責任な装置」に嫌気がさしたとも言える。

私はＷＢＳという特定のビジネススクールを批判したいのではない。ＷＢＳは日本のビジネススクールとしては最も意欲的に改善、改革に取り組んでいる学校の一つであることは間違いない。なかには（すべてとは言わないが）志ある教員もいる。人気も高く、学生集めに苦労している他のビジネススクールと比べれば、入試倍率も高い。

しかしそのＷＢＳですら、次世代ビジネスリーダーを育てることに成功しているとは言い難い。ましてや改善意欲に乏しく、経営努力が足りない他のビジネススクールにできるはずもない。

実際、私はＷＢＳ以外のいくつかのビジネススクールでも非常勤講師として教えた経験があるが、「本当にこれで学位を与えるの？」と唖然とするようなお粗末な学校、プログラムはいくらでもある。

毎年誕生する約五〇〇〇人のＭＢＡのほとんどは、一〜二年ビジネススクールに在籍するだけで、ビジネスリーダーになるための満足な指導や訓練を受けずにいる。そして、何の価値もない「金メッキの勲章」だけを手に入れ、自己満足に浸っている。

卒業式でアイビーリーグまがいに学帽を空に投げ上げる瞬間は達成感を覚えるかもしれないが、そんな自己陶酔もすぐ覚める。ＭＢＡという学位を振りかざすだけで成功するほど、ビジネスは甘くない。

根本的な問題は、ビジネススクールという「不完全な装置」、ＭＢＡというプログラムそのものが、日本における企業や個人のニーズに合致しておらず、まったく機能していないことだ。

にもかかわらず、各ビジネススクールは「MBAは成功のためのパスポート」と声高にアピールし、多くのビジネスパーソンたちを煽っている。実際には「普通自動車免許」ほどの価値もないのに、あたかも「これであなたもF1レーサーになれる」と勘違いさせる。

主要な新聞や雑誌でも、ビジネススクールやMBAの必要性、重要性を説くような論調が増えている。しかし、そのほとんどは日本のMBAの実態を調べることもせずに、ビジネススクールのお先棒を担ぐような提灯《ちょうちん》記事ばかりである。

海外の有名ビジネススクールでMBAを取得し、活躍しているプロ経営者や経営コンサルタントなどを登場させ、MBAの価値をアピールする。だが、海外トップスクールのMBAと日本のMBAの市場価値には、同じMBAとは呼べないほど大きな差がある。

また、そうした著名人たちもMBAを取得したから有能になり、活躍しているわけではない。もとから有能で野心溢れる人たちが、たまたまMBA取得者であったにすぎない。

しかし、そうした宣伝文句に乗せられ、MBAという「金メッキの勲章」を求めて、「不完全な装置」に入学する人が確実に増えている。多額の授業料（といっても、海外と比べればきわめて中途半端な額だが）を支払い、貴重な時間を奪われ、力がついたと勘違いする人たちが日本でも増殖している。

冷静になって周りを見渡せば、日本にはMBAは取得していないが、きわめて有能で結果を出している良質な経営者、ビジネスリーダーがいくらでも存在する。私は経営コンサルタントとして、また社外役員やアドバイザーとして数多くの日本人経営者と接してきたが、彼らのほとんどはMBAなどもっていない。にもかかわらず、彼らは卓越した戦略眼を有し、力強いリーダーシップで企業を成功へと導いている。

世界で名の知れたビジネスリーダーたちと比べれば、たしかにカリスマ性という面では劣るかもしれない。しかし、地に足の着いたやり方で泥臭く組織を束ね、成果を上げている素晴らしいビジネスリーダーを私は数多く知っている。

世界的なMBAブームに乗っからなくても、私たちは私たちのやり方で優れたビジネスリーダーを生み出せることをすでに実証している。私たちはもっと、私たちの人づくりの考え方ややり方に自信をもっていいのだ。

一方、MBAブームに乗っかり、繁栄していいはずの日本のビジネススクールも、実は苦境に喘《あえ》いでいる。その多くは学生集めに苦労し、定員ギリギリもしくは定員割れの学校が続出している。新規募集停止に踏み切る学校も出はじめている。

経営を教えるべきビジネススクールが、自らの学校経営もできない体たらくなのだ。そんな場所で学んだところで、力がつくはずもない。

私はビジネス教育そのものを否定しているわけではない。次世代ビジネスリーダーを育成するための教育プログラムは必要どころか、ますます重要性を高めている。過去の延線ではなく、新たな発想、新たなやり方で新境地を切り拓いていく鋭い先見性とブルドーザーのような逞《たくま》しさをもった人材が、日本企業には不可欠だ。未来を創造するリーダーを育成できるかどうかが、日本企業の未来を決めると言っても過言ではない。

しかし、少なくとも日本においてはビジネススクール（もしくはＭＢＡプログラム）は、その「答え」ではない。

どうすれば未来を切り拓く次世代ビジネスリーダーを育てることができるのか。そして、ＭＢＡに頼らず、日本のビジネスパーソンたちが真の力をつけ、活躍するには何が必要なのか。十三年間の教員生活を無駄にしないためにも、ＭＢＡプログラムという「不完全な装置」を真正面から検証したい。それが本書を書こうとした動機である。

本書は全六章で構成されている。第1章では日本でビジネススクールが乱立し、MBAが急増している背景、私が「日本にMBAなんていらない」と思う二つの理由、そして世界と日本のMBAの違いを詳述している。同じMBAでも世界のトップスクールのそれとはまったく別物であることを、認識していただきたい。

第2章では日本で急増している「なんちゃってMBA」の実態を紹介するとともに、私自身がなぜMBAを取得したのか、そしてその後、私が歩んできたビジネスキャリアを振り返り、MBAのもつ意味について考えてみたい。

第3章では日本のビジネススクールを、カリキュラム、ファカルティ（教員）、学生という三つの要素から分析し、それぞれの問題点、海外との違いについて考察している。

第4章はより生々しい内容だ。私がWBSの責任者だったころに何をしようとしていたのか、そして何が起きていたのかという内幕について、可能なかぎり、リアルにお伝えしようと思う。

第5章では読者の皆さんが自分らしいキャリアを歩むために、MBAというものをどう位置づけたらよいのか、MBAに頼らずに真の力をつけるためには何をどのように勉強したらよいのかを、私自身の実践例も含めてご紹介する。

そして、第6章では日本でいま求められているビジネス教育のあり方について考えてみたい。私自身が実際に関わっている企業内での「次世代リーダー育成プログラム」がどのようなものかについても、具体的に紹介しよう。

私は自らもMBAを取得し、日本および海外のビジネススクールで教えてきた。経営コンサルティング会社の経営者として、数多くのMBAを採用し、一緒に仕事をしてきた。そんな人間がMBAをどのように考えているのかを正直に書き記したのが、本書である。

本書は、MBAの取得を考えている人、すでにMBAを取得した人、MBAに興味はないが経営やビジネスを勉強したいと思っている人、自分らしいキャリアを歩みたいと思っている人たちを意識して執筆した。さらには人材開発や次世代リーダー育成に携わっている人事部の幹部や、スタッフの皆さんに手にとってもらえたらと考えている。

本書がきっかけとなり、日本企業らしい人材育成はどうあるべきかが議論されるのであれば、著者として望外の喜びである。

目次

第3章　カリキュラム、教員、学生……その不完全性に迫る　

第1章　誰も語らなかったＭＢＡの正体

1．なぜいま日本でＭＢＡが問題化しているのか

ミンツバーグによる痛烈なＭＢＡ批判

二〇〇四年、米国でビジネススクール関係者を震撼《しんかん》させる衝撃の書籍が出版された。原題は『MANAGERS NOT MBAs』。その二年後に『ＭＢＡが会社を滅ぼす』（日経ＢＰ社）と題されて日本でも出版され、関係者のあいだで大きな話題になった。

当時、私はＷＢＳの客員教授に就任したばかりだったので、この本のことはよく覚えている。同僚の教員たちとの雑談でも話題に上ったが、なぜか皆、小声で話していた。

著者のヘンリー・ミンツバーグは、カナダ・マギル大学の教授であり、経営学者。米国経営学会から優秀研究者に選ばれるほどの実績を上げている。それほど影響力のあるミンツバーグがビジネススクールやＭＢＡを真正面から批判する書籍を出版したのだから、業界は騒然となった。

ミンツバーグの主張は明快だった。ＭＢＡプログラムはこの五十年以上にわたってほと

んど変わっておらず、重大な欠陥を抱えており、総合的なマネジメント教育とは言えない。「間違った人間を間違った方法で訓練し、間違った結果を生んでいる」と辛辣《しんらつ》に批判している。

ＭＢＡという学位を初めて設けたのは、ハーバード大学。一九〇八年のことだから、百年以上前のことだ〔1〕。

それ以降、ビジネススクールは増加の一途をたどり、一九一五年には四〇校ほどだったのが、百年後のいまでは、六〇〇〜八〇〇ものビジネススクールが存在すると言われている。

ビジネススクールの増加とともに、ＭＢＡ取得者の数も増加する。創生期の一九二〇年ごろには毎年数百人ほどだったが、一九三二年に一〇〇〇人を超え、一九四八年には三四〇〇人にまで拡大した。

しかし、それはＭＢＡが普及する幕開けにすぎなかった。一九六四年に六四〇〇人だったＭＢＡ取得者は、二年後の一九六六年に二倍以上の一万三〇〇〇人に跳ね上がり、それでもその勢いは止まらず、一九七六年には四万三〇〇〇人に達した。

ミンツバーグは「アメリカだけでも、一〇年で一〇〇万人近くのＭＢＡ取得者が経済界に送り出されている」と指摘する。単純平均すれば、毎年一〇万人ものMBAが生まれている。驚くべき数字である。

その背景には、MBAという学位を取得し、少しでも経歴上の見栄《みば》えをよくする努力をしなければ有利な転職や昇進が期待できないという、米国の熾烈な競争社会の現実がある。これだけMBAが一般化されると、「MBAは有利」というよりも「MBAがないことは不利」という状態になる。それがMBA取得にさらに拍車をかけることになる。

MBAに実質的な価値があるのであれば、MBAが増えることには何の問題もない。ミンツバーグはその価値に対して疑問を投げかけているのだ。彼は同書でこう指摘する。

アカデミックなビジネススクールで二年間過ごしただけなのに、マネジメント能力が身についたと思い込んでいる人たちが社会に送り出されている。

「MBAは役に立たない」というだけなら、自己責任として処理してしまうことも可能だ。しかしミンツバーグの批判はもっと根深い。彼は、MBAは「あらゆる場で悪影響を生んでいる」と指摘し、「破滅的な影響」という言葉まで使っている。ミンツバーグはMBA

がもたらす弊害の大きさを憂い、警告を発したのだ。彼がどのような観点から「不完全な装置」を憂いていたのかについては、第3章で詳しく論じたい。

毎年五〇〇〇人も生まれる「なんちゃってＭＢＡ」

ミンツバーグの警告から十余年。よもや米国のような事態になることなどないだろうと思われていた日本で、ＭＢＡが問題化しつつある。

日本におけるビジネススクールの草分けは、慶應義塾大学大学院経営管理研究科（ＫＢＳ）だ。一九六二年に創立され、これまでに三二〇〇人もの修了生を送り出している。

それに続くのは、神戸大学大学院経営学研究科（一九八九年）、一橋大学大学院商学研究科（一九九六年）、早稲田大学大学院経営管理研究科（一九九八年）あたりで、一九九〇年代までは日本のビジネススクールは数校にすぎなかった[2]。

二〇〇〇年代に入り、日本においてもビジネススクールが全国で次々に設立され、現在、その数は大学数で約八〇、プログラム数で約一〇〇にも上る。それらのＭＢＡプログラムから世に送り出されるＭＢＡ取得者の数は、毎年約五〇〇〇人の規模になっている[3]。

米国の毎年一〇万人に比べればまだまだ小さいが、ほんの十年ほど前まではせいぜい数百人程度だったのだから、その伸び率はきわめて高い。

問題の本質は、毎年生み出される五〇〇〇人ものMBA取得者の「質」である。MBAという学位に値し、次世代ビジネスリーダーとしての基礎教育をしっかりと受けた人材がどれほど輩出されているかといえば、甚《はなは》だ疑問である。

多くの学生は、仕事のかたわらビジネススクールに在籍し、実ビジネスから隔離された教室に閉じこもり、捻出した限られた時間のなかで与えられた教科書を読み、現実感の乏しいケーススタディをこなし、卒業に必要な最低単位を取得し、MBAを手に入れる。たったそれだけの努力で「自分は〝経営のプロ〟になった」と勘違いする輩《やから》も多い。こうした「なんちゃってMBA」が、日本でも急増している。

ローソン会長CEOの玉塚元一《たまつかげんいち》さんは漫画家弘兼憲史さんとの対談でこう語っている[4]。

MBAを取得しても経営者にはなれない。経営者の仕事というのは、修羅場や厳しい状況などをどれだけ突破してきたか、経験値がなにより大事だ。

米国のケース・ウェスタン・リザーブ大学院、サンダーバード大学院でＭＢＡを取得している玉塚さんだからこそ、「胃が痛くなるような経験をし続けない限りビジネスリーダーにはなれない」という主張には説得力がある。

経営コンサルタント気取りの「フレームワーク」（経営分析ツール）を使いまくり、表面的なデータ分析だけですべてがわかったように勘違いし、本当の意味も理解せずに「横文字」の経営コンセプトを連発するような、実に底の浅いＭＢＡが間違いなく増えている。こんな「質」の低いＭＢＡを大量生産しても、日本にいいことなど何もない。

「専門職大学院制度」創設でビジネススクールが乱立

こうしたＭＢＡ粗製乱造のきっかけとなったのが、「専門職大学院制度」の創設である。文部科学省は「社会的・国際的に活躍できる高度専門職業人養成へのニーズの高まりに対応するため、高度専門職業人の養成に目的を特化した課程」（専門職学位課程）を二〇〇三年度に創設した。

大学院というところはそれまで主にアカデミックな研究の場として位置づけられていた

が、実社会で活躍する社会人がさらに高度な専門性を身につけるための学習の場として設立されたのが、専門職大学院である。会計、公共政策、公衆衛生などの分野とともに、「ビジネス・MOT（技術経営）」が一つの分野として位置づけられた。

これによって、それまでのアカデミック主体の修士課程によるビジネススクールに加え、専門職大学院としてのビジネススクールの設置が可能となり、日本におけるビジネススクールは一気に増えた。

二〇〇三年に専門職学位課程のビジネススクールが六校開講し、翌二〇〇四年から二〇〇六年までには毎年七校が開講した。まさに「ビジネススクールブーム」だった。二〇一五年度の専門職大学院としてのビジネススクールは、三一大学、三三専攻にまで増加し、その入学者数は二二七四人に上った。

ビジネススクールの新設ラッシュで、教員の新規募集も活発だった。専門職大学院は、専任教員中の三割以上は実務家教員であることが必須である。

そこで、企業の経営幹部経験者や経営コンサルタントに白羽の矢が立った。私もそのなかの一人である。私は早稲田以外にも二校から誘いを受けたが、最終的に母校である早稲田の専任教員となった。

学生が集まらない――名門校すらほぼ全員入学

専門職大学院は新たな社会人教育の目玉としてスタートしたが、いま、大きな岐路に立たされている。

たとえば、二〇〇四年度からスタートした法科大学院は、当初は大きな話題を呼び、法曹界をめざす社会人たちが殺到した。しかし、弁護士資格を取得するための実質的なメリットが少ないことがわかると、志願者は大きく減少。

法科大学院への入学者数は二〇一〇年度には四一二二人だったが、五年後の二〇一五年度には二二〇一人とほぼ半減し、新規募集を停止する大学が急増している[5]。

公認会計士など「会計のプロ」を育てる会計専門職大学院も苦境に立たされている。学生の「会計士離れ」が止まらず、二〇一四年度は学生を募集した一六校全体の定員の半分ほどしか埋まらなかった。

最も人気の高い会計専門職大学院の一つである早稲田大学大学院会計研究科ですら、二〇一五年度は定員割れとなった。志願者数は、ピークだった二〇一一年度の三分の一以下に減っている[6]。

法科大学院、会計専門職大学院の惨憺《さんたん》たる状況に比べると、ビジネススクールは一見、堅調にみえる。専門職大学院としてのビジネススクールへの入学者数は、二〇一一年度の一八六一人に対して、二〇一五年度は二二七四人と二割ほど増えている（図表1）。

しかし、それはあくまでも全体の話にすぎない。個々のビジネススクールの状況をみると、きわめて危機的な状況であることがわかる。募集定員に満たない、もしくは募集定員すれすれの受験者しか集まらない大学が続出しているのだ。

たとえば、中央大学大学院戦略経営研究科戦略経営専攻は募集八〇人に対し、受験したのは七二人、そのうち六四人が合格している。入試倍率は一・一倍であり、定員割れの状況だ。

関西学院大学大学院経営戦略研究科企業経営戦略コースは募集七〇人に対し、六四人が受験、そのうち六〇人が合格している。こちらも定員割れである。

南山大学大学院ビジネス研究科は四〇人の募集に対し、受験者数は二八人、そのうち二七人が合格している。つまり、不合格になったのはわずか一人である[7]。

これらのビジネススクールが知名度の低い新興大学ならまだ理解できる。しかし、中央

図表1　専門職大学院（ビジネス・MOT）入学者数＆社会人比率の推移

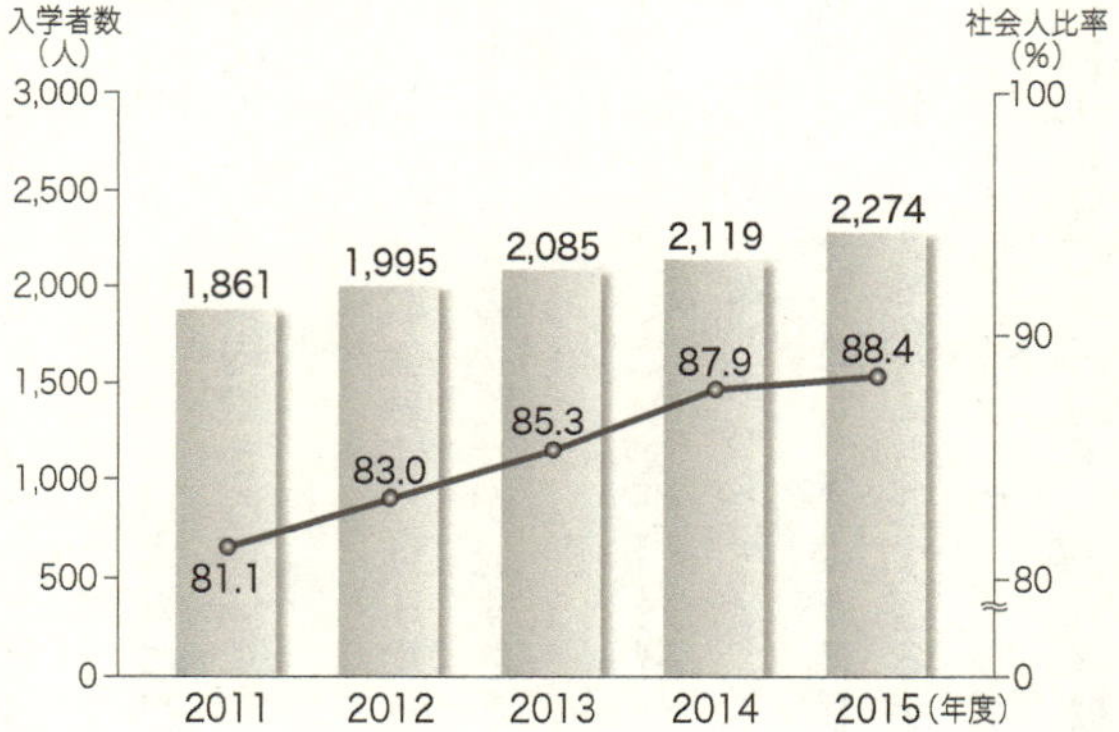

大学、関西学院大学、南山大学といえば、いずれも歴史ある名門校である。そのビジネススクールですら受験者が集まらず、ほぼ全入という状況に陥っている。

これらの大学は入試実態を公表している良心的な大学だが、多くの私立大学のビジネススクールは入試情報の一部しか公表しておらず、入試倍率がわからない。裏を返せば、公表できないような実態なのだ。

こうした状況を受けて、南山大学大学院ビジネス研究科は二〇一七年度の新規募集を停止すると発表した。法科大学院、会計専門職大学院同様、学生集めに苦しんでいる多くのビジネススクールが、近い将来、新規募集の停止に追い込まれるだろう。

日本人にＭＢＡがいらない二つの理由

こうしたなかで、私が「日本人にＭＢＡなんていらない」と強く思う理由は明白である。それは次の二つに集約できる。

①ほとんどの日本企業は、ＭＢＡの価値を認めていない
②日本のＭＢＡの「質」が低すぎる

この二つは言うまでもなく、表裏一体のものである。ビジネススクール側が一所懸命に「ＭＢＡは成功のためのパスポート」と宣伝しても、卒業生を受け入れる側の日本企業がその価値を認めていない。企業が価値を認めない理由は、ビジネススクールが生み出すＭＢＡの「質」があまりにも低すぎるからである。

企業は営利活動を行なっているのだから、ＭＢＡが自社の発展・成長の役に立ち、企業価値の向上に寄与するなら、喜んで採用するだろう。しかし、それが期待できないから採

用しないのだ。

もちろん、日米では労働環境に大きな違いがある。転職が当たり前で、自らの力でキャリアアップしていかなければならない米国と、定年まで一つの会社で勤め上げるのがいまだに主流の日本とでは、企業が求める人材要件が明らかに異なる。

しかし、それでもＭＢＡに誰もが認める実質的な価値があるなら、企業は積極的に採用するはずだ。となれば、たんに労働流動性の違いだけでなく、ＭＢＡそのものの「質」が低いから企業は採用に熱心ではない、と考えざるをえない。

日本で生み出されるＭＢＡが毎年数百人程度であれば、たいして大きな問題ではない。しかし、いまでは毎年約五〇〇〇人ものＭＢＡが誕生している。

米国のような「アメリカンドリーム」までは夢想しないにせよ、「ＭＢＡをとればこれからの自分のキャリアは変わるかもしれない……」という甘い幻想を思い描いてビジネススクールに入学する人も多い。

しかし、現実はとてつもなく厳しい。卒業後の職探しにおいてＭＢＡであることなどまったく考慮されず、逆に「頭でっかちな人はとりたくない」と拒否されることすらある。

武器になるはずのＭＢＡがまったく役に立たない。そうした「ＭＢＡ難民」が、毎年五〇〇〇人も生み出されているのだ。

2．海外ＭＢＡ年収二〇〇〇万円、国内ＭＢＡ給与アップゼロ

トップスクールＭＢＡ以外はＣＥＯになれない米国

米国でＭＢＡがこれほどまでに一般化し、それなりに認知される背景には、労働流動性の高さと熾烈な競争がある。米国においてビジネスで成功しようと思えば、転職を繰り返し、キャリアアップするのが一般的である。

よい企業でよいポストを得ることをめざし、他の人たちと「差別化」するためには、ビジネススクールでＭＢＡを取得し、「箔《はく》をつける」ことがきわめて重要となる。評判のよいビジネススクールでＭＢＡを取得し、自らの「市場価値」を高めなければ、チャンスさえ与えてもらえない。

世界のトップ五〇〇企業「ＦＴ５００（フィナンシャル・タイムズ・グローバル５００）」（時価総額ベース、二〇一五年）の最高経営責任者（ＣＥＯ）の三一％は、ＭＢＡ取

得者である。そして、その約半分に当たる七二社のCEOは、特定のビジネススクール一〇校に集中している[8]。

最も多くCEOを輩出しているのは、ハーバードの二二人。前年の二八人からは減少しているが、それでもダントツの一位である。HBS（ハーバード・ビジネススクール）のブランドと実績は飛び抜けている。

ハーバードに続くのは、フランスのINSEAD八人、スタンフォード、ペンシルバニア大ウォートン校各七人、コロンビア六人、シカゴ、ニューヨーク大スターン校各五人などである。掃いて捨てるほどビジネススクールがある米国においても、本当の経営トップに上り詰めることをめざすならば、特定のトップスクールを卒業しなければチャンスは手に入らない。

一〇〇〇万円投資しても一年で回収できる

だから、野心溢れる上昇志向の強いビジネスパーソンたちは自分に「投資」して、評価の高いトップスクールをめざす。

米国のトップスクールの学費は、日本に比べるとはるかに高額である。米国のビジネススクールトップ10（ブルームバーグ発行の雑誌『ビジネスウィーク』二〇一〇年度）の平均の学費は、一〇万一四二四ドル。日本円に換算すると一〇〇〇万円を超える。

最も学費が高い学校の一つであるスタンフォードは、一二万八一〇〇ドル。学費だけで一三〇〇万円にもなる。

それに対し、日本の私立大学のビジネススクールの学費は二〇〇万～四〇〇万円程度とはるかに安い。平均すれば、米国におけるトップスクールの三分の一以下だ。学費の面だけをみれば、同じMBAとはとても呼べないほど歴然とした差がある。

しかし、米国ではたとえ学費が高額でも、リターンも大きい。トップ10ビジネススクールを卒業した学生の初任給の平均は一〇万八五七二ドル。投資をわずか一年で回収してしまうほど「市場価値」が高まるのだ。

近年評価の高いINSEADの修了生（二〇一二年卒業）が、卒業後三年間に得た平均年間給与は、約一六万七〇〇〇ドルにも上る。MBAを取得すれば、年収二〇〇〇万円が約束されているのだ[9]。

投資回収性の高さは、欧米に限らない。私が客員教授として教えていた中国の長江商学院（Cheung Kong Graduate School of Business）のフルタイムＭＢＡの修了生は、ＭＢＡ取得後六年間で給与が最大二六三％増加し、平均年収は七〇万九六三〇元、日本円に換算すると一〇〇〇万円を超えている[10]。

ハーバード・ビジネススクール日本リサーチセンター長の佐藤信雄氏は、こう断言する[11]。

世界の大企業のＣＥＯの多くはＭＢＡホルダーだ。取得後の収入上昇率も大きい。ＭＢＡ取得の費用対効果が確実にあるのが海外だ。

だから、トップスクールには人が殺到する。トップ10スクールの合格率はわずか一六・三％。七人に一人しか合格できない「狭き門」だ。ほぼ全入に近い日本のビジネススクールとは雲泥の差である。

一般的な日本人の感覚では、たかが一年や二年ビジネススクールに在籍し、ＭＢＡを取得しただけで、年収が二倍にも三倍にもなるというのはおかしいと思うだろう。それはそれでまっとうな感覚だと私も思う。

しかし、飛び抜けて優秀な人材は世界中の企業が狙っている。その獲得競争がますます熾烈になっているのも現実なのである。

管理職でもMBA取得者は三人に一人以上

MBAが必要なのは、一流企業の経営トップに上り詰めるためだけではない。普通の会社のミドルマネジャーになるためにも、MBAがものを言う。

少し古いデータだが、二〇〇三年に日本労働研究機構（当時）が行なった調査では、米国では企業の管理職のうち、三七・〇%がMBAを取得している。三人に一人以上がMBA取得者である。

それに対し、ドイツは一一・三%。そして、日本はわずか〇・七%にすぎない。比べ物にならないほど歴然とした違いである[12]。

もちろん、これは「いい、悪い」の話ではない。熾烈な競争社会のなかで生き残り、管理職をめざそうとすれば、米国においてはMBAは必須条件に近いものとみなされている。

米国では転職や昇進の際に、自身のレジュメ（履歴書）にMBAという肩書があるかどうかは、とても重要な要素となる。周りにＭＢＡがゴロゴロいるなかでは、ＭＢＡがないことは大きなマイナスになる。

だから、たとえトップスクールには入れなくても、勤務先に近いビジネススクールのパートタイムコースに入学し、働きながら通い、ＭＢＡを取得しようとするビジネスパーソンがとても多い。

米国においてＭＢＡはもはや特別なものではない。自分に「投資」をして、自らの「市場価値」を高める努力をしなければ生き残っていけないという厳しい競争社会が生み出したものにほかならないのだ。

日本のＭＢＡは就職や転職時に評価されない

ＭＢＡが自らの「市場価値」を高める手段として必須アイテムとなっている米国に対し、日本では企業側がＭＢＡそのものをほとんど評価していない。たとえ自分に「投資」して、ＭＢＡを取得しても、その見返りは限定的である。

それは日本におけるビジネススクールの草分けであり、ネームバリューもある慶應ビジネススクール（ＫＢＳ）でさえ同様である。

ＫＢＳが二〇〇九年に卒業生を対象に行なったアンケート調査によると、「ＭＢＡの取得は卒業後どのようなメリットをもたらしましたか？」という質問に対して、「取得していない場合と比べて収入が増加した」と答えた人の割合は一〇の回答項目中、ダントツの最下位だった。

その裏返しだが、「ＭＢＡの取得が卒業後の仕事（キャリア）でマイナスだった、あるいは役に立たなかった面は何ですか？」という質問に対する答えとして、「昇格、昇進においてほとんど考慮されなかった」「昇給においてほとんど考慮されなかった」「就職・転職の際にほとんど考慮されなかった」という回答が上位三位を占めている[13]。

ＫＢＳでさえ、その経済的なリターンはきわめて小さいのが現実なのだ。ましてや誰でも入学できてしまう「なんちゃってＭＢＡ」にリターンなど期待できるはずがない。

以前と比べると、日本においても若い世代を中心に転職する人が増えているが、大企業に限って言えば、依然として定年まで勤め上げるのが一般的である。転職という選択肢を頭のなかで考える人は増えても、実際に転職に踏み切る人はそれほど多くない。

一つの会社で最後まで勤め上げるのであれば、大事なのは「市場価値」よりも「社内価値」である。本人のやる気や能力もさることながら、社内における調整能力や人間関係、人脈が出世には大きく影響する。いくら才能があっても、上司に恵まれなければチャンスさえ摑めず、昇進や出世は覚束《おぼつか》ない。

そんな日本でMBAをひけらかしたところで、それは「社内価値」の向上にはつながらない。「西洋かぶれの頭でっかちな奴だ」とマイナスの材料になることさえあるのだ。

3．これが海外トップビジネススクールの戦略だ

ランキングにこだわる海外トップスクール

同じMBAでもなぜこれほどまでに日本と海外で違いがあるのか。それは海外のトップスクールはビジネススクールを一つの〝ビジネス〟として捉え、成功に導くためのビジネスモデルを確立しているからである。

米国などの海外トップスクールは、『フィナンシャル・タイムズ』や『エコノミスト』などのメディアが公表するランキングの順位を上げることに、とても大きな力を入れてい

る。

二〇一六年度の『フィナンシャル・タイムズ』のランキングによると、過去三年連続で一位だったハーバードを抑え、フランスのＩＮＳＥＡＤが一位になった。ほかにもロンドン・ビジネススクール（三位）、ケンブリッジ（一〇位）といった欧州勢がトップ10入りしている。上位一〇〇校をみると、半数以上の五三校は米国以外の学校である（図表２）。

ランキングの上位に入ることによって、世界中から優秀な受験者を集めることができる。そして、難関を突破した上昇志向の強い選《え》りすぐりの学生たちに、大きな負荷をかけ、徹底的に競争させる。市場価値の高い優秀な学生こそがトップスクールにとっては「商品」である。

世界のグローバル企業は、将来の幹部候補生として彼らを採用する。学校にとっては、著名なグローバル企業に高い報酬で採用される学生が増えることによって、学校のブランド力が高まり、入学したい学生がさらに増える。

また、ブランド力が高まることによって、世界中から優秀な教員、研究者を招くことが可能となり、彼らが論文などの研究成果を増やすことによってランキングが高まっていく。

世界のトップスクールはこうしたビジネスモデルをつくり上げることによって、ブラン

図表2 『フィナンシャル・タイムズ』MBAスクールランキングトップ10（2016年）

順位	スクール名
1	INSEAD（フランス、シンガポール）
2	ハーバード・ビジネススクール（米国）
3	ロンドン・ビジネススクール（英国）
4	ペンシルバニア大ウォートン校（米国）
5	スタンフォード経営大学院（米国）
6	コロンビア・ビジネススクール（米国）
7	カリフォルニア大バークレー校ハース・スクール・オブ・ビジネス（米国）
8	シカゴ大ブース・ビジネススクール（米国）
9	マサチューセッツ工科大スローン校（米国）
10	ケンブリッジ大ジャッジ・ビジネススクール（英国）

図表3 海外トップスクールのビジネスモデル

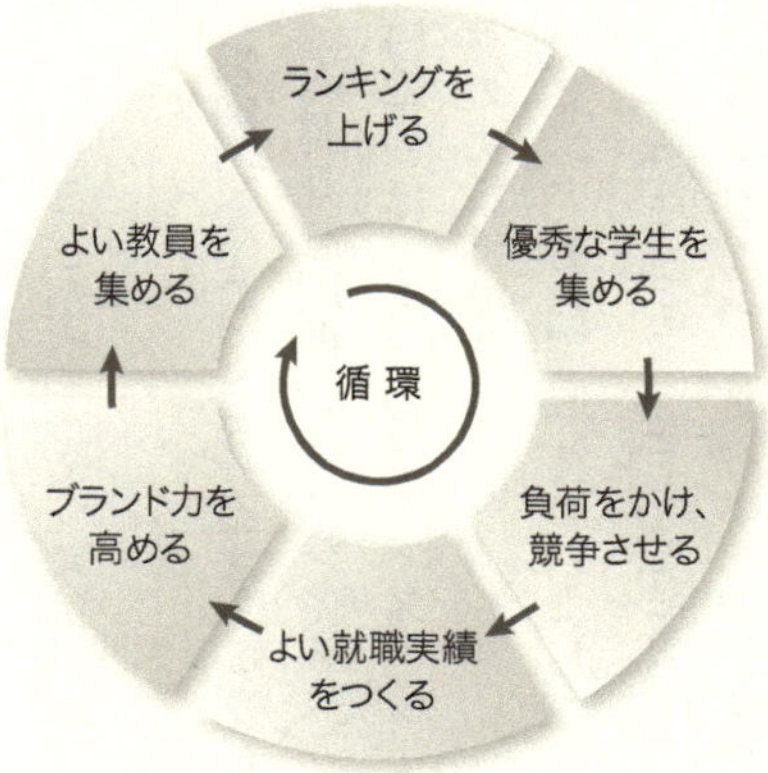

ドを確立させ、確固たる地位を築いているのである（図表3）。

日本のビジネススクールはそもそもランキング対象外

日本のビジネススクールはこの成功モデルを構築することができず、完全に蚊帳《かや》の外に置かれている。

『フィナンシャル・タイムズ』のランキングは、米国のＡＡＣＳＢ（The Association to Advance Collegiate Schools of Business）という国際認証を取得したビジネススクールのなかから選定した一五六校が対象になっている。日本のほとんどのビジネススクールは国際認証を取得していないので、そもそもランキングの対象外である。

蚊帳の外に置かれている日本に対し、日本以外のアジア勢の躍進はめざましい。中国は香港科技大や中欧国際工商学院（ＣＥＩＢＳ：China Europe International Business School）、上海交通大学、復旦大学など七校が一〇〇位以内にランクインしている。アジアの他国でも、インド、オーストラリア各三校、シンガポール二校、韓国一校がランクインしている（図表4）。

**図表4 『フィナンシャル・タイムズ』ランキングに基づく
グローバルMBAトップ100 国別学校数(2016年)**

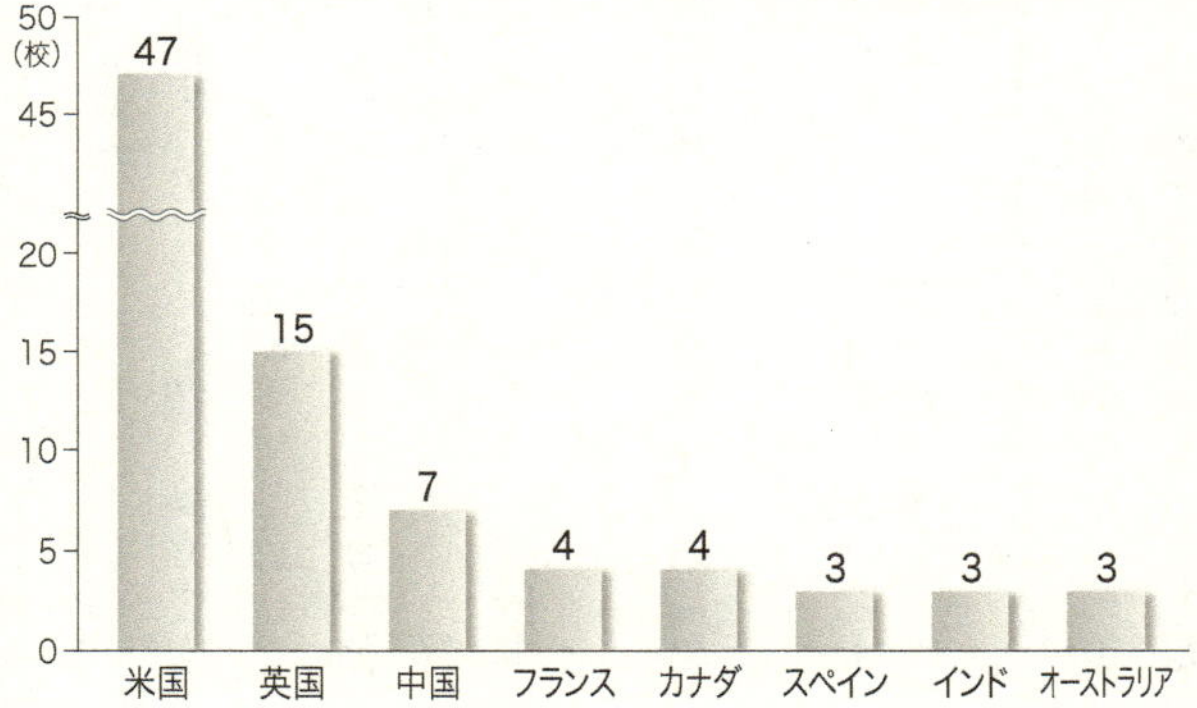

評価項目やその軽重はランキングを行なっているメディアによって異なるが、重要な要素の一つが、修了生の就職状況である。

『フィナンシャル・タイムズ』のランキングでは、「修了後の年収」が評価基準の四〇%を占めている(修了三年後年収二〇%、入学前から修了後の年収伸び率二〇%)。『エコノミスト』においても、就職と年収が五〇%を占めている(修了後の就職率・就職先業界の多様性三五%、修了後年収一五%)。

MBAを取得しても経済的なリターンはほとんど期待できない日本において、たとえ日本のビジネススクールがランキングの対象となっても、ランキングの上位に食い込むことはほとんど不可能と言わざるをえない。

世界のトップスクールは学生を「商品」とみなし、高額な報酬で世界の一流企業に採用されることを「売り」にしている。学生に対する就職サポートも実に手厚い。

その結果、たとえ学費が高くても、修了後に高額な報酬が見込めるので、世界中から優秀で野心溢れる学生が集まるのだ。

しかし、MBAであることが報酬面でほとんど考慮されない日本では、学生が「商品」とはならない。報酬の上昇という経済的リターンが見込めないのに、MBAを取得しようとする奇特な学生がいるのは、日本くらいのものである。

戦略的にランキングを上げる海外の新興校

欧米のトップスクールは長年にわたる実績があるので、ランキングの上位に入るのは理解できる。それでは、歴史が浅いアジアなどの新興ビジネススクールは、どのようにランキングを上げようとしているのか。

ランキングの評価基準の一つの重要な要素が、「経営学ジャーナルへの投稿数」である。つまり、世界で認められている主要な経営学ジャーナルにどれだけの数の論文を発表したかが評価対象になっている。『フィナンシャル・タイムズ』では「世界の主要ジャーナル四〇誌への投稿数」が一〇%を占めている。

中国やシンガポールのビジネススクールは、米国の優秀な研究者を高額な報酬で引っこ抜き、投稿数を増やす努力をしている。たとえば、WBSとの関係が深いシンガポールの南洋理工大学は、主要ジャーナルへの投稿実績のある教員を米国から積極的に採用し、ランキングを着実に上げている。二〇一六年は前年の四〇位から二九位にまで上昇している。

こうしたジャーナルは当然、英語での投稿であり、審査はとても厳しい。日本のビジネススクール教員が投稿し、採用されることは稀《まれ》である。アジアなどの新興ビジネススクールが着実にランキングを上げている裏には、彼らの戦略的な投資と努力があるのだ。

世界における日本の大学の地盤沈下は、ビジネススクールだけの話ではない。イギリスの教育専門誌『ザ・タイムズ・ハイアー・エデュケーション』が二〇一五年十月に発表した「世界大学ランキング」で、東京大学が前年の二三位から四三位へと大きく順位を下げ、話題となった[14]。

同誌の「アジア大学ランキング」においても、前年一位だった東京大学は一気に七位に転落した。代わりにシンガポールと中国が躍進し、トップ5はこの二カ国が独占した。シンガポール国立大学が一位になったシンガポールは、南洋理工大学が同率二位に入った。中国勢は北京大学（同率二位）、香港大学（四位）、清華大学（五位）がトップ五位に名を連ねた。その一方で、東京大学だけでなく、日本の大学は軒並み順位を下げる結果になった[15]。

評価指標が変更されたことが日本の大学に不利に働いたと言われているが、こうした変更を見通せず、手を打てていないのが実情だ。東京大学などは「日本の研究力を正しく評価していない」と見解を発表したが、日本の大学はランキングを戦略的に上げるという世界の潮流についていけていない。

日本のビジネススクールは、世界のトップスクールが確立した成功モデルに追随することができずに、蚊帳の外に置かれている。そして、それに代わる日本独自のビジネスモデルも見出せずにいる。

海外校の眼はエグゼクティブ教育に向かっている

世界的なビジネススクールの流れのなかで注目すべきは、「ＥＭＢＡ」（Executive

MBA）の拡大・強化である。このプログラムは次世代経営者として嘱望される人材を対象としたもので、MBAより年齢層が高い幹部候補生を対象にしている。

一般のMBAの平均年齢は三十歳程度だが、EMBAでは職務経歴十五年以上を求めているビジネススクールがほとんどである。年齢層としては三十代後半から四十代の中核ミドルが対象となる。

世界のトップスクールはEMBAに力を入れ、MBAを上回る規模になっている学校も多い。欧米の場合、フルタイムMBAはキャリアアップのために自費で通う学生がほとんどだが、EMBAの場合は企業が選抜したエリート予備軍を企業負担で派遣するケースも多い。学費もMBAより高く、ビジネススクールにとっては格好の収益源だ。

最近では中国や韓国などアジアにおいても、EMBAが増えている。中国の長江商学院ではEMBAを最大の柱にしており、中国企業や政府の幹部たちが押し寄せている。

中国のEMBAには中卒、高校卒の学歴の人も多い。中国経済の発展に乗っかり、起業によって大成功を収めた人たちが、「金で学歴を買う」ためにEMBAに入学しているという批判の声もある。

日本でも二〇一五年にKBSがEMBAを開設した。これは、平日は仕事をしながら、土曜と短期合宿型の授業で集中的に学べるプログラムで、ＭＢＡの学位を取得できる日本初のＥＭＢＡプログラムである。

一橋大学大学院国際企業戦略研究科は二〇一七年九月からＥＭＢＡを始める。四十代前半を対象に、週末に集中的に授業を行なう。授業はすべて英語で行なうのが特徴で、一年間で学位を取得できる。ＷＢＳもＥＭＢＡと冠したエグゼクティブ教育に力を入れているが、学位は取得できない。

ＭＢＡは世界的に競争が激化し、とくに米国では飽和状態になりつつある。世界のトップスクールは新たな成長エンジンとして、エグゼクティブ教育にシフトしようとしているのだ。

おそらく日本でもこれからＥＭＢＡを開講しようとする動きが加速するだろう。ＭＢＡの市場は欧米ほどには大きくないが、ＥＭＢＡの潜在市場は日本のビジネススクールにとっては大きな魅力である。

しかし、エグゼクティブを対象としたビジネス教育は、言うまでもなくより高い教育の質が求められ、ＭＢＡ以上に難易度が高い。ＭＢＡの延長線の発想のままでは、とてもエグゼクティブを満足させるようなプログラムにはなりえない。

百戦錬磨のエグゼクティブたちと真っ向から議論できるビジネススクールの教員は本当に少ない。需要があるからといって安易に手を出すと、ひどい火傷《やけど》を負うことになりかねない。

4．中国のビジネススクールで教えてみてわかったこと

中国初の教員が運営する長江商学院

私は二〇〇七年から二〇一二年まで、中国の長江商学院で客員教授として授業を担当した。それは、アジアのビジネススクールの勢いをまざまざとみせつけられる経験だった。教えはじめた当初、中国の勢いはすさまじかったが、徐々にさまざまな問題が露呈しはじめた。とても刺激的な時期に、私は中国という超大国の熱気と病巣を肌で感じることができた。

長江商学院は二〇〇二年に設立された比較的新しいビジネススクールである。香港の企業家であり、大富豪の李嘉誠氏が、多額の私財を投じて設立した。長江商学院は中国初の

教員による運営（faculty-governed）が行なわれている、独立・非営利のビジネススクールとして知られている。

北京キャンパス以外に、上海、深圳にサテライトキャンパスを設置するほか、香港、ニューヨーク、ロンドンに在外事務所を開設し、海外の一流ビジネススクールとの連携を深めている。

中国でもビジネススクールが次々に設置され、過当競争の様相を呈しているが、そのなかで長江商学院は、中欧国際工商学院、清華大学と並んで三大ビジネススクールと呼ばれている。

長江商学院は多様なプログラムを提供しているが、中心となるのはフルタイムＭＢＡとＥＭＢＡである。フルタイムＭＢＡは十四カ月の英語で行なわれる全日制プログラムであり、定員は六〇人。対象は三十歳程度の若手エリート候補生だ。欧米のトップスクール同様、私費で通う学生がほとんどであり、きわめて上昇志向が強い。

それに対し、ＥＭＢＡは経営層、管理職層を対象としたプログラムで、平均年齢は四十歳以上。一カ月に四日間程度受講し、二年で卒業する。民間企業だけでなく、党や国営企業から派遣されてくる幹部が多いのが、中国のＥＭＢＡの特徴だ。

フルタイムＭＢＡはビジネススクールにとって「看板」のようなものだ。質の高い幹部候補生を少数精鋭で育て、有名企業に高額の報酬で就職させることによって、学校の名声、ブランドを高めることにつなげる。

その一方で、長江商学院にとって最大の収益源はＥＭＢＡだ。ＥＭＢＡの募集定員はなんと六二〇人。フルタイムＭＢＡの一〇倍以上の規模である。

しかも、長江商学院のＥＭＢＡは中国で最も授業料が高いことで知られている。二〇一五年の授業料は七一・八万元。日本円にすると、約一一〇〇万円にもなる。

長江商学院はＥＭＢＡの授業料だけでなんと年間七〇億円を稼ぎ出している。日本のビジネススクールとは明らかにスケールが異なる。

副学長から突然かかってきた就任要請の電話

私が長江商学院で教えるようになった経緯も、きわめて「中国的」だ。二〇〇六年に長江商学院のＥＭＢＡの学生たちが授業の一環で日本を訪問した。いくつかの代表的な日本企業を訪ねたあと、早稲田で日本的経営について講義をしてほしいと要請があった。

何人かの教員が担当することになり、私も半日ほどのセッションを受け持った。私は日本企業の戦略の大きな方向性、そして現場力について講義をし、意見交換を行なった。学生たちはとても熱心だった。授業終了後は、私とツーショットの記念写真を撮ろうとする学生たちの列ができた。

それから二週間ほどして、私のオフィスに中国から電話があった。それは長江商学院の副学長からだった。中国に戻ったＥＭＢＡの学生たちが、「早稲田の遠藤の授業はとてもよいので、中国に招聘《しょうへい》して、もっと多くの学生に受講させるべきだ」と進言してきたと言う。その学生の声を受け、「客員教授として授業を担当してくれないか？」と依頼をしてきたのだ。

私は驚いた。学生たちが日本で私の講義を受けたのは、わずか二週間前だ。その声がすぐ副学長に届き、副学長自らが私に電話をしてくる。このスピード感は日本においては大学はもとより、一般企業でもありえない。

日本の大学では、客員教授を任用するには手間隙《ひま》がかかる。書類審査があり、面接を行ない、教授会の承認をとるなどのステップを経て、一年近くかけてようやく任用が決まる。知名度や実績があっても、同じステップを踏まなければならない。官僚的な手続き主義がはびこり、スピード感がまったくない。

長江商学院の場合は、学生の声が副学長に届き、そこで即決である。私は履歴書すら提出した覚えがない。

躍進する中国に大きな興味を覚えた私は、そのオファーを受け、客員教授に就任することを受諾した。

ＭＢＡに人生を賭ける「一人っ子政策」の申し子たち

長江商学院の客員教授に就任した当初は、一年に二度ほど中国に出向き、ＥＭＢＡや経営トップだけを対象とするＣＥＯプログラムで半日程度の講義を担当した。

中国企業や党の幹部を中心とする受講生たちの授業に対する姿勢はまちまちだった。最前列で熱心に耳を傾ける者もいたが、授業の途中で退席したまま戻ってこない者もいた。

熱心に学ぼうとする受講生の多くは、民間企業の幹部層だった。彼らは多発する品質問題や事故、劣悪なサービスに苦慮しており、それらを改善しなければグローバルに通用する企業にはなれないと認識していた。日本企業がどのように世界に誇る品質を築いてきたのかを学び、現場力という考え方に触れることは、彼らにとってとても重要な経営テーマだったのだ。

二〇一〇年からはフルタイムＭＢＡ向けに「日本企業のグローバル戦略」という講義を三年間担当した。これは五日間の集中講義で朝から夕方まで英語で目一杯授業を行なった。

フルタイムＭＢＡの学生たちは優秀で、野心に溢れていた。入学者のＧＭＡＴ（Graduate Management Admission Test、ビジネススクールの入学適性テスト）の平均点は六八〇点と、欧米のトップスクールにも入学できるだけの学力を備えている。

平均的な学生の質でみれば、ＷＢＳの学生と大差はない。しかし、自分に対する期待の大きさ、そしてそれを実現しようとする熱量の大きさは、長江商学院の学生たちのほうがはるかに上だった。

一攫千金《いっかく》を狙って起業を志す者もいたが、多くは国営企業や欧米のグローバル企業への就職を狙っていた。中国で知名度が高く、実績も豊富なローランド・ベルガーへの入社を希望し、毎日授業後に「どうやったらローランド・ベルガーに入社できるのか？」と私に食らいついてくる女子学生もいた。

彼らは「一人っ子政策」の申し子であり、家族や一族郎党の期待を一身に背負い、ＭＢ

Aに入学してきている。その覚悟と必死さは生半可なものではない。

フルタイムMBAの学費は約六〇〇万円（四〇万元）。中国の庶民にとっては目玉が飛び出るほどの大金を親や親戚がなんとか工面し、彼らに「投資」しているので、成功しないわけにはいかないのだ。彼らはMBAに自分の人生を賭けているのである。

中国のビジネススクールは人脈形成の場でもある

長江商学院のフルタイムMBAの学生たちが狙っているものは、欧米のトップスクールの学生たちとほぼ同じである。キャリアアップをめざし、退路を断って、彼らはビジネススクールに入学してくる。親の期待を一身に背負っているという意味では、彼らのほうがより真剣かもしれない。

一方、中国のEMBAは独特であり、「中国的」である。彼らがEMBAをめざす最大の目的は、人的ネットワークの拡大にある。中国では「人脈がすべて」と言っていいほど、人脈の重要性が高い。EMBAはまさに人脈形成の場だと位置づけられている。

実際、長江商学院のEMBA卒業生はわずか十数年で五〇〇〇人を超え、そのなかには、アリババ・グループ創業者であるジャック・マー氏など錚々《そうそう》たる経営者が名を連ねている。EMBAに入学する経営幹部たちは、その特別なインナーサークルへの参加資格を得るために長江商学院をめざしているのだ。

長江商学院もそれを最大の売り物にしている。同校のホームページの「EMBAプログラムの概略」には、こう記載されている。

二〇一一年、『フォーブス』中国版で、中国で最も投資回収率の高いEMBAプログラムと絶賛された本課程には、国内最強の人脈をもつビジネスリーダーが在籍し、修了生は最も影響力のあるビジネスネットワークの中核となっています。

長江商学院は毎年、大々的にフォーラムを開催している。これはまさに同校の現役生や卒業生たちが一堂に会し、交流を深め、ネットワークを形成する一大イベントである。

私は二〇〇八年一月に中国のリゾート地・海南島の三亜《サンヤ》市で行なわれた「SANYA FORUM 2008」にパネリストの一人として参加した。そして、その規模の大きさと熱気に驚いた。

フォーラムのメインテーマは「東アジアにおける中国経済」。東アジアという枠組みのなかで、中国経済や中国企業の今後について語ろうというもので、日本や韓国からも一流のパネリストを招いた。日本からは私以外に、クオンタムリープ代表取締役の出井《いでい》伸之氏(元ソニー社長)、マネックスグループ代表取締役の松本大《おおき》氏が出席した。

フォーラムの参加者は一〇〇〇人以上。長江商学院を卒業した著名な経営者、国営企業の幹部、中央政府高官、地方政府の大物などが次々と紹介される。ド派手な演出で、会場を盛り上げる。

出席者のほとんどは、パネルでどんな議論がされているかには関心がない。それよりも、なんとか一人でも多くの大物と知り合いになろうと必死だ。

会場を抜け出し、著名な経営者や政府高官をみつけては話し込む姿があちらこちらでみられた。中国のＥＭＢＡは「学ぶ場」ではなく、「知り合う場」なのである。

「反腐敗」運動で一時期より学生は減ったが……

人脈を求める党幹部、国営企業幹部、民間企業幹部たちが押し寄せ、中国におけるＥＭ

BAは急速に拡大した。長江商学院と並び、人気の高い中欧国際工商学院のEMBAは毎年八〇〇人が入学し、世界最大規模である。

学生が殺到し、EMBA人気が高まれば、当然授業料も大きく上昇する。長江商学院の二〇一五年のEMBAの授業料は、二〇〇七年の二倍以上になっている。

それでも、「信頼できる小さなサークル」に入ることを求めて、人が押し寄せる。中国のEMBAは特権階級のサロンとなった。

しかし、その流れは二〇一四年に大きく潮目が変わった。「反腐敗」運動を進める中国共産党が、地方政府や国営企業などに対してEMBAへの派遣をやめるよう指示を出したのだ。

党幹部や国営企業幹部がEMBAに派遣される費用は、公費で賄《まかな》われる。しかも、EMBAが企業経営者と公務員の癒着や汚職を招く温床になっているという世論の批判も大きく高まった。

共産党中央組織部と教育省は、「EMBAは訓練コースというよりも贅沢なネットワークづくりの場になっている」と指摘し、授業料を公費で支払うことを禁じた。これによって、中国の有名ビジネススクールのEMBAは一五~三〇%ほど学生が減少し、大きな打撃を受けている。

中国のビジネススクールは、その是非はともかく、短い期間で独自の進化を遂げてきた。資本主義が生み出したビジネススクールが、共産主義のなかで歪みを受けながら、奇妙なかたちで変質している。

ビジネススクールとはそもそも何なのか。ビジネススクールの存在価値とは何なのか。中国のみならず、世界中のビジネススクールが大きな変曲点を迎えていることは間違いない。

第2章

なぜ日本企業はＭＢＡを評価しないのか

1．これでは日本のＭＢＡの「質」が低いのも当然だ

あるビジネススクールで眼にした衝撃的な光景

前章で述べたように、日本でＭＢＡを取得したところで、その経済的な恩恵はきわめて限定的だ。同じＭＢＡという学位であっても、海外のトップスクールのＭＢＡと日本のビジネススクールのＭＢＡでは、雲泥の差がある。

企業側の論理からすると、日本のビジネススクールを卒業したＭＢＡを採用するより、「第二新卒」を採用するほうがメリットが多い。たいした実力もないのに、自分の「投資」に見合うポストや給与を要求しがちなＭＢＡよりも、他社で初歩的な教育を受け、まだ従順な「第二新卒」のほうが、はるかに使い勝手がいいからだ。

ＭＢＡに将来の幹部候補生もしくは即戦力としての実質的な価値があるなら、日本企業は積極的に採用するだろう。そうならないのは、日本のＭＢＡの「質」があまりにも低すぎるからである。

私はＷＢＳ以外のいくつかの国内のビジネススクールで、非常勤講師として教えたことがある。名前は伏せるが、あるビジネススクールでの経験は、私にとって衝撃的な出来事だった。

そのクラスを担当している専任教員が休暇をとることになり、伝手《つて》をたどって私に授業の代行をしてもらえないかと依頼があった。ＷＢＳ以外のビジネススクールで教えるのも何かの勉強になるだろうと引き受け、数日間の集中講義を担当することになった。

そのクラスの受講者は三〇人くらいと聞いていたが、初日のクラスに行ってみてびっくり。三〇人のうちの六割ほどが中国からの留学生だった。

しかも、その二〇人近い中国人学生のほとんどは働いた経験がなく、日本語もたどたどしい。中国の大学を卒業し、実務を経験することもなく、そのまま日本のビジネススクールに留学してきたのだ。

休憩時間に彼らと話すと、何人かの学生は「本当はＷＢＳに行きたかった」と吐露する。中国で「早稲田」は知名度も人気も高い。彼らもＷＢＳを志願していたが、ＷＢＳに合格するためには三年以上の実務経験が必須である。結局、彼らはＷＢＳに合格することが叶わず、実務経験なしでも入学できるこのビジネススクールに流れ着いたのだ。

中国人留学生の存在は、このビジネススクールにとっても好都合だった。開校当初はそれなりに日本人学生が集まっていたようだが、徐々に減少。定員割れの状態に陥り、中国人留学生で穴埋めをしていたのだ。

実務経験もなく、日本語も満足に話せない学生たち相手の授業は、本当に大変だった。わずか数日間のクラスだったが、私は疲れ果ててしまった。

かわいそうなのは、こうした留学生たちと一緒に受講する日本人学生たちだ。彼らはそれなりの実務経験もあり、より突っ込んだ議論をしたいのだが、中国人留学生が過半ではそれもできない。結局、授業のレベルは低いほうに流れてしまい、学部と大差ない内容になってしまう。

それでも、必要な単位を取得すれば、彼らはMBAとして卒業していく。MBAっていったい何なのか。私の疑問は大きく膨らんだ。

わずか三〇単位でビジネスリーダーになれるはずがない

日本のMBAの「質」が低い一つの要因は、専門職大学院の制度そのものにもある。専門職大学院の修了要件は「三〇単位以上」と設定されている。経営のプロ、次世代ビジネスリーダーを育てるというのに、わずか三〇単位はあまりにも少なすぎる。

同じ専門職学位課程でも、法科大学院は九三単位以上（標準修業年限三年）、教職大学院は四五単位以上（うち一〇単位以上は学校等での実習）と設定されている。目的、内容が異なるので一概に比較はできないが、そもそも三〇単位でビジネスリーダーになれるはずがない。

もちろん三〇単位は「最下限」であって、大学によって修了要件は異なる。ＷＢＳは「五〇単位以上」、ＫＢＳは「六〇単位以上」と三〇単位をはるかに超える修了要件を設定している。

その一方で、グロービス経営大学院の修了要件は三六単位、インターネットで授業を行なうＳＢＩ大学院大学は三四単位。なかには、それ以下のビジネススクールもある。

経営に関する知識をひと通り学ぼうと思えば、最低でも五〇～六〇単位は必要なはずだが、現実には三〇単位ほどでお手軽に卒業できてしまうビジネススクールがいくらでもある。

しかも、平日夜間、週末の時間を使って通うパートタイムＭＢＡでは、仕事との兼ね合いで欠席や遅刻をする学生も多い。教える側にとっては好ましくはないが、現実を考えれば、ある程度は考慮せざるをえない。

これが学位を伴わない専門学校であれば、私は何の文句も言わない。しかし、MBAはれっきとした「大学院」なのである。わずか三〇単位でとれるMBAを増殖させる制度そのものが、杜撰《ずさん》と言わざるをえない。

論文も書かせないで学位を与える甘いプログラム

また、専門職大学院は一般の修士課程と違って、論文執筆が必須ではない。だから、多くのビジネススクールでは、論文執筆（研究指導）を修了要件として課していない。

WBSは専門職大学院になってからも論文執筆を修了要件として課しており、いまでも専門職学位論文もしくはプロジェクト研究論文の執筆が義務づけられている。

私はこの論文執筆こそが、ビジネススクールで学生たちを鍛える最良のメソッドの一つであると思っている。自分でテーマを設定し、専門書を読み込み、フィールドワークを行ない、数十ページから一〇〇ページを超える論文を執筆する。その過程で、論理的にもののを考える、自分の主張を練り上げ、事実で証明する、自分の言葉で明晰《めいせき》に表現するなどの力が磨かれる。

明確な問題意識をもち、自らの主張を実証的に整理し、説得力ある流れをつくり、論理展開していく。役に立たない知識を詰め込むだけの授業では得ることができない「思考のトレーニング」だ。

ビジネススクールは本来、次世代リーダー候補生を鍛えるために、徹底的に考える訓練を行なう場であるべきだ。通常の業務においては、あまり深く考えることをしなくても、とりあえず目の前の仕事はなんとかなる。

しかし、経営者をめざすのであれば、潮流を読み解き、本質を見抜き、どのような舵取《かじと》りをすべきか熟慮しなければならない。答えは簡単には出ない。悩み、もがき、苦しむ過程を経て、ようやく自分なりの答えを導き出す。だから、経営者の決断は重いのだ。

論文執筆は「深く考える」ことの疑似体験にほかならない。データ分析で現状を理解したり、フレームワークを使って情報を整理するなど、ビジネススクールで学んでいることは、「深く考える」ための「前作業」にすぎない。「深く考える」訓練こそが、次世代リーダーには不可欠なのである。

しかし、論文執筆をきちんと指導しようとすれば、教員にかかる負荷は決して小さくない。学生と一対一で向き合い、「家庭教師」さながらの指導をする必要があるので、とても手間がかかる。

私は一〇一人のゼミ生の論文執筆を指導したが、いまでも誰がどのような内容の論文を書いたのかを思い出せる。それほどゼミ生たちとは濃密な時間をすごした。

だからこそ、論文執筆が課せられているかどうかは、そのビジネススクールが「まっとう」かどうかを判断する一つの基準なのである。論文執筆を課していないビジネススクールは、学生たちを鍛えることを放棄していると言わざるをえない。

海外は下位一割が自動退学、日本はほぼ全員卒業

海外のトップスクールは入学するのも大変だが、卒業も容易ではない。ハーバード・ビジネススクールでは、一年次の終わりに各教科で下位の約一割が落第になる。そして、一定数以上の教科で落第すると、自動的に退学となる。

入学すれば自動的に「勲章」が手に入るわけではない。海外トップスクールのＭＢＡと

いう学位は、熾烈な生き残り競争に勝ち残った証《あかし》でもある。

それと比べると、日本のビジネススクールはきわめて甘い。「下位一割は落第」などという厳しいルールはなく、必要な単位数をとれば卒業できる。「同級生との競争に負けて、落第するかもしれない」という恐怖心は、日本のビジネススクールにはない。

ＷＢＳの場合、論文執筆がノルマなので、論文審査に合格する必要がある。遠藤ゼミの一〇一人の卒業生のうち、二人だけは卒業を半年延期させた。論文の出来栄えが遠藤ゼミの最低基準に達していなかったので、学生と話し合い、納得してもらったうえで、半年間論文指導を延長し、彼らは卒業した。

しかし、そんなことをする私のような教員はきわめて例外的だ。ほとんどの教員はたとえ論文の質が低くても、大目にみてなんとか卒業させてしまう。

ましてや、論文執筆を課していないビジネススクールでは、普通に授業に出席し、与えられた課題を無難にこなしてさえいれば、ほぼ間違いなく卒業できる。

三〇単位そこそこの授業をとり、論文を書くこともなく手にすることができるＭＢＡ。そんなものに価値があるはずがない。次世代ビジネスリーダーを育てるための「鍛錬道場」であるべきビジネススクールが、「手抜きのＭＢＡ製造装置」になっているのだ。

2. 中堅社員にチャレンジの場を与えない日本企業

なぜリターンがないのにMBA志願者が増えるのか

経済的なリターンが期待できないにもかかわらず、どうして日本でもMBAを志願する社会人が増えているのか。米国に比べれば安いとはいえ、数百万円を自腹で払ってまでなぜ、ビジネススクールに通おうとするのだろうか。

そこには海外とは異なる日本ならではの背景がある。WBSの状況をもとに考えてみよう。

日本では会社を退職、休職して、キャリアチェンジするためにフルタイムMBAに入学する学生はとても少ない。だから、フルタイムMBAのプログラムを開講しているのは、KBS、WBSなど一部の学校に限られている。

日本のフルタイムMBAの特徴は、企業派遣の学生や、近い将来に跡を継ぐことを期待されている同族企業の二世が多いことである。KBSは伝統的に企業派遣や二世経営者の獲得に強く、実績を上げているが、近年はＷＢＳも力を入れている。

その一方で、自費でフルタイムＭＢＡに入学する学生の数は限られている。ざっくり言えば、毎年日本で誕生する約五〇〇〇人のＭＢＡのうち、フルタイムＭＢＡは一割程度だ。そのなかには海外からの留学生も相当数含まれているので、日本人のフルタイムＭＢＡの学生はほんのひと握りである。

五〇〇〇人のうちの九割は、平日の夜と週末を利用してＭＢＡを取得するパートタイムＭＢＡである。社会人として働きながら、ＭＢＡ取得をめざす人たちが大半だ。

ＷＢＳも人数的にみれば、「夜間主」と呼ばれるパートタイムＭＢＡが多い。私が教えていた「夜間主総合」は、企業に勤めながら平日夜と土曜を使って通学し、二年でＭＢＡを取得するプログラムである。会社を辞めずにＭＢＡを取得することができるので、人気は高く、入試倍率は優に二倍を超える。

学生の質は高い。有名大学を卒業し、日本を代表する大企業に勤める社会人が多い。平均年齢は三十代半ば。十年程度の実務経験をもっている。

こうした資質もやる気も高い人間が、なぜビジネススクールに通うのか。実は、そこに日本企業の大きな問題がある。

若者の「心の隙間」を埋めるビジネススクール

三十代半ばといえば、働き盛り。本来なら、学校に通う時間や余裕などなく、バリバリ仕事をしていなくてはならない年代だ。

しかし、彼らは会社ではせいぜい係長、主任クラス。課長のポストにも就いていない。十年も一つの会社に勤めていれば、ひと通りの仕事はこなせるようになる。かといって、課長として大きな責任を任されているわけでもない。彼らは「心理的余裕」と「将来的不安」の両方を併せ持った、とても中途半端な年代なのだ。

その「心の隙間」を埋めるのがビジネススクールである。「仕事にも慣れてきたし、将来に備えて、いまのうちにビジネススクールにでも通って、MBAでもとるか」。安易とまでは言わないが、大きな覚悟もないままMBAをめざす社会人が実に多い。

日本経済新聞社と日経HRが共同で行なった「ビジネススクール調査」(二〇一四年六月)の結果は、そうした傾向を如実に表している。「ビジネススクールで学びたい理由は何ですか?」という設問に対し、実に六七・六%の人が「職務上、必要な知識・スキルや経営に関する理論を学びたい」と答えている。「自分の市場価値を上げて、転職を有利にしたい」（二八・四％）、「収入を増やしたい」（一〇・七％）を挙げた人は限られている。外資系企業などに転職し、自分の力でバリバリ勝負したいという若者が日本にいないわけではない。しかし、そうした人たちの多くは日本のビジネススクールではなく、海外をめざす。日本のビジネススクールで学ぶ学生たちの大半は、向学心はあるが、野心は乏しい。日本のビジネススクールはそうした若者たちの「受け皿」になっているのだ。

「体解」を伴わない「知解」は危険である

私は彼らの動機を不健全だとは思わない。その向上心、学習意欲は評価されるべきだ。むしろ問題は企業側にある。こうした三十代半ばのやる気のある中堅社員たちに大きなチャレンジの場を与えられていないことこそが、大問題なのだ。

企業の未来を創造する担い手はこうした社員たちなのに、三十代の大事な時期に修羅場を経験する機会を与えられることもなく、彼らはビジネススクールに逃げ込んでくる。本来なら、彼らはビジネススクールではなく、企業の実践の場で鍛えられるべきなのだ。

以前、ある雑誌の企画で対談させていただいた丸和運輸機関の和佐見勝《わさみまさる》社長から、「知解」「体解」という言葉を教えていただいた。和佐見社長はトラック一台から運送事業をスタートし、小売業に特化した物流会社を築いた立志伝中の経営者である。

「知解」とは勉強を重ね、教養を積み、知識を身につけることだ。一方、「体解」とは何度も繰り返し実践することで、身体に擦り込むように覚えること。同じ「解《わか》る」でも、その深さは明らかに異なる。

もともとは仏教の言葉だが、経営においてもこの二つの言葉はそのまま当てはまる。知識として理解しただけでは、それは「解った」ことにはならない。実践を通して、身体で会得してはじめて「解った」になる。

ビジネススクールは「知解」の場にすぎない。しかし、知識を詰め込み、頭でっかちになった彼らのなかには、経営やビジネスが「解った」と勘違いする人も多い。

WBSの遠藤ゼミの卒業生にとても勉強熱心な学生がいた。誰よりも経営書やビジネス書を読み、知識は豊富だ。しかし、本から得た知識だけが独り歩きし、さも自分が考えたかのような「受け売り」の発言がゼミで目立つようになった。

私は彼に「今後、経営書やビジネス書は一切読むな!」と厳命した。「自分の頭で考えろ」ということを伝えたかったからだ。

知識がなければ、自分で考えようとするが、下手に知識があるので、理屈だけをこねくり回し、さも「解った」気になっている。「体解」を伴わない「知解」は実に危険なのだ。

起業を志すなら、学校に行くのは回り道だ

ビジネススクールのなかには、起業やアントレプレナー育成を売り物にしているところも多い。しかし、起業教育ほど難しいものはない。

起業の難しさは、日本だけに限らない。起業大国・米国でさえ、成功確率はとても低い。起業家コースを充実させているスタンフォードでは、卒業生の一六%が会社を興している。しかし、ビジネススクールの責任者であるガース・サローナー氏は「学生によるベンチャーの大部分が失敗に終わっている」と指摘する。

あのスタンフォードで起業を学んだ人でさえ、起業で成功するのはほんのひと握りにすぎないのだ[16]。

すべてのビジネスは0からスタートする。起業とはまさに0から1を生み出す行為だが、

そこに「成功の方程式」はない。

苦労の末に立ち上げた1を10にしたり、10を１００へとさらに拡大する際には、マネジメントに関する知識が参考になる場合もあるだろう。再現性はなくても、事業拡大のステップにおいて、検討すべき項目や要素には共通点は多い。

しかし、０から1を生み出す推進力は、強烈な主観、思い込みであり、属人的なセンス、執念が不可欠である。これを一般化し、体系的に教えることは不可能だ。

起業を志すのであれば、ビジネススクールなどという回り道は不要だ。自分の信念と情熱だけを頼りに、行動に移し、実践を通じて学ぶしかない。

ディー・エヌ・エー（ＤｅＮＡ）創業者で会長の南場智子さんは、自らの経験をこう語っている[17]。

私が自分の頭で本当に考えられるようになったのは、ＤｅＮＡを立ち上げてからかもしれない。会社を生き残らせるにはどうしたらいいかを真剣に考えるようになった。ＭＢＡに2年も費やすなら、起業したほうが力がつく。

ＭＢＡをとれば力がつくなどという安易な幻想は捨てなければならない。その時間とお金とエネルギーを何に費やすべきか。ビジネススクールに逃避するのではなく、実践から学ぶことが、なにより大事なのである。

3．ならば、どうして私はＭＢＡを取得したか？

突然の留学指名、そしてボストンカレッジへ

「ＭＢＡなんて価値がないと批判しているが、お前だってＭＢＡをとっているじゃないか」と指摘する人もいるかもしれない。ここで私がどのような経緯でＭＢＡを取得したのか、少し説明しておこう。

私は三菱電機に勤めていたころ、企業派遣で米国に留学し、ＭＢＡを取得した。二十八歳で渡米し、三十歳で卒業し、帰国した。

いま振り返れば、私の人生においてこの留学経験は決定的に重要な出来事だった。この留学がなければ、おそらく私は三菱電機を辞めることもなく、経営コンサルタントにもな

っていなかっただろう。

実は、私にとって大事だったのは「ＭＢＡ」ではない。「留学」という経験こそが、人生を変えるきっかけだった。

私が留学したのはボストンカレッジという大学だ。米国ではよく知られる名門私立大学で、下院議長だったトーマス・オニールや国務長官のジョン・ケリーなどが卒業生として名を連ねている。

ボストンカレッジは一八六三年にイエズス会によって創立された。当時、ハーバード大学はカトリック市民と移民の入学に制限を設けていて、ハーバードに対抗しうるカトリックの学校としてつくられたのだ。「ヒドゥン・アイビー」（教育の質はアイビーリーグと同等レベルながら、あまり知られていない学校）の一つとして知られている。

しかし、日本では無名だ。ビジネススクールの評価もそれほど高いわけではない。『フィナンシャル・タイムズ』の世界ＭＢＡランキング（二〇一六年）では六九位。ハーバード、スタンフォードなどのようなトップスクールではない。

私が留学先としてボストンカレッジを選んだのには、それなりの理由がある。三菱電機には以前から海外留学制度があったが、オイルショックの影響で業績が低迷していたため、中止されていた。業績回復とともにその制度が復活することになり、当時、海外事業本部で働いていた私が人事部から指名された。

私はそれまで留学など考えたこともなかった。それよりも早く海外駐在員として赴任し、バリバリ仕事をしたかった。しかし、当時の上司が「若いときにしか留学なんてできないのだから、行ってこい！」と背中を押してくれた。

といっても突然の指名であり、留学の準備期間は限られていた。米国のビジネススクールに入学するためには、ＴＯＥＦＬ（Test of English as a Foreign Language）とＧＭＡＴという二つの試験を受け、それなりのスコアを獲得しなければならない。

ＴＯＥＦＬは学生時代から英語をコツコツ勉強し、実務でも使っていたので問題はなかったが、ＧＭＡＴはさすがにそれなりの受験勉強をしなければスコアを上げることはできない。トップスクールに合格するためには、相当高いスコアが必要なので、私は最初からトップスクールは狙わなかった。

せっかく家族同伴で留学させてもらえるのだから、あくせくと勉強漬けになるのは嫌だった。治安などの環境面を重視し、なるべく少人数で、日本人の少ない学校を選ぶことにした。場所は米国のなかでも比較的歴史のある東部の学校に絞った。

最終的に、ロチェスター大学（ニューヨーク州）、ジョージ・ワシントン大学（ワシントンD．C．）、ボストンカレッジ（マサチューセッツ州）の三校に出願し、三校とも合格した。米国出張のついでに三校をみて回った。そして、ボストン郊外のチェストナットヒルという小高い丘にあるボストンカレッジの美しいキャンパスをみた瞬間、「ここにしよう！」と即決した。

授業で学んだことは役に立たなかったが……

当時、ボストンカレッジのフルタイムMBAの入学者は六〇人ほど。日本人は私以外にもう一人だけだった。

勉強はハードだった。事前に読まなければならない教科書や資料類などのリーディングの量はとても多く、ミニレポートなどの宿題も山ほどあった。時間的にみれば、人生でいちばん勉強した二年間だった。

しかし、授業で学んだことはほとんど何も覚えていない。のちのキャリアのなかで役立ったという記憶もない。私がビジネススクールで学んだのは、「ビジネススクールで学ぶ体系的な知識は、実世界では何の役にも立たない」ということだった。

それでは、ビジネススクールに留学したことにまったく意味がなかったかと問われれば、そうではない。留学が私の人生を決定的に変えたのは紛れもない事実である。

私がボストンカレッジに留学して学んだ最大のものは、他の学生たちの生きることへの「姿勢」だった。仲のよい友人が何人かできたが、彼らは「自分の人生は自分でつくる」という米国では当たり前の生き方をしていた。

キャリアアップをめざしてビジネススクールに入学し、自分がやりたい仕事をみつけ、成功するために奔走していた。彼らは卒業後、地元の銀行や会計事務所系のコンサルティング会社、ＩＴベンチャーなどに就職していった。

いちばん仲のよかったジムはＰ＆Ｇに入社し、のちにアジア担当になった。彼がシンガポールへ赴任中に現地で再会したり、東京出張の際にも何度か一緒に食事をした。

彼らの生き方は、私にとってとても刺激的で新鮮だった。個と組織が対等な関係にあり、自分の生き方を自分で選択していた。自分が走るレールは自分で敷くという生き方を当たり前のように行なっていた。

その姿をみて、組織に守られ、組織が敷いてくれたレールの上を走るような自分の生き方に対し、「これでいいのだろうか……」と疑問をもちはじめるようになったのだ。私にとってはまさに、異質の価値観との出会いだった。

結局、帰国して二年後、私は三菱電機を退職した。留学する前は転職など露ほども考えていなかったが、「自分の力を外で試したい」という思いは止められなくなっていた。

重要だったのは「学んだこと」よりも「すごしたこと」

三菱電機を退職した私は、ボストン・コンサルティング・グループ（ＢＣＧ）に入社した。当時日本代表だった堀紘一さんの著書に触発された私は、経営コンサルタントの道を志し、キャリアチェンジすることを決めた。

堀さんはハーバードのＭＢＡ。成績上位五％の学生に与えられる「Baker Scholar」という夕イトルを日本人で初めて獲得している。採用を担当していた井上猛さんはスタンフォードのＭＢＡ。ほかにもトップスクールのＭＢＡがゴロゴロいた。

しかし、ＭＢＡを取得していない中途入社組も多かった。トップスクールのＭＢＡではない私が入社できたのも、あくまでも人物本位で採用してくれたおかげだった。

それ以降、二十八年にわたり経営コンサルティングの仕事をやってきたが、ビジネススクールで学んだことが役に立ったことは、ただの一度もない。

私と同じように経営コンサルタントとして活躍し、マッキンゼーでパートナー（共同経営者）にまで上り詰めた南場智子さんは、ハーバードでMBAを取得している。彼女は一般的には厳しいと思われているハーバードでの授業について、『たかがMBA　されどMBA』（産学社）のインタビューのなかでこう語っている。

ハーバードは楽だった。だって、目の前に怖い顔をしたクライアントも、泣きそうな顔をしたクライアントもいない、あくまでも擬似的な世界だから。ケーススタディは馬鹿馬鹿しく思えた。

BCGもマッキンゼーも、クライアントは世界の一流企業。しかも、社長が直々に関与するきわめて重要なプロジェクトに参画する。

まだ経営コンサルタントとしての経験が浅いころ、クライアントの社長へのプレゼンの前日、私はほとんど眠れなかった。自分の分析は本当に正しいのだろうか。クライアントにこんな提言をしてよいのだろうか。不安で押しつぶされそうになりながら、朝を迎えることが何度もあった。真剣勝負の場は、ビジネススクールとはかけ離れた世界だった。

私にとって、ビジネススクールで「学んだこと」に大きな価値はなかった。しかし、海外のビジネススクールで「すごしたこと」が、私の生き方に決定的な影響を与えたのは間違いない。これが私にとってのＭＢＡの意味だ。

4．ＭＢＡを取得するよりも世界を知ろう

実質的な恩恵を享受できるのはわずか一％

こうした経験は、決して私に限ったことではない。私の友人知人のなかには、私と同時代に米国に留学し、結果として外資系のコンサルティング会社、ＧＥなどの外資系企業、外資系投資銀行などに転職した人が多い。

彼らは留学によって、一般的な日本人とは異なる価値観を身につけ、自分をもっとストレッチさせるために、外資系企業に挑んでいった。そうした人間にとって、海外での留学

経験はキャリアチェンジの大きなきっかけとなった。

ビジネススクールの価値の一つは、「世界を知る」ことにある。熾烈なグローバル競争を生き抜くビジネスリーダーになるためには、世界の多様性と日本の特殊性を体感しなくてはならない。きわめて同質性の高い日本のビジネススクールでMBAを取得しても、世界を知ったことにはならない。

もちろん、日本のビジネススクールを卒業し、MBAを取得し、キャリアチェンジに成功している人がまったくいないわけではない。WBSの私の教え子のなかにも、MBA取得後に転職し、やりたい道を歩んでいる人もいる。

たとえば、大手総合研究所でITコンサルタントをしていたA君は、戦略コンサルタントへの職種転換を狙っていたが、希望が叶わず退職し、WBS（フルタイムMBA）に入学した。そして、卒業と同時に外資系コンサルティング会社への転職に成功した。

大手印刷会社に勤務していたBさんは、働きながらWBSの夜間主プログラム（パートタイムMBA）に通い、国際的なマーケティングの仕事がやりたいとMBA取得後に外資系自動車メーカーに転職した。

A君やBさんの例を聞くと、日本でもMBAに価値はあると思うかもしれない。しかし、彼らはきわめて少数派だ。

彼らが転職した先は外資系企業であり、米国と同様にMBAを一定程度評価する。また、外資系に限らず、経営コンサルティング会社は財務分析や企業分析のスキルを評価して、MBAを歓迎する傾向がある。

実際、WBSの私のゼミにはコンサル転職組がそれなりにいる。アクセンチュア、デロイト、プライスウォーターハウス、アビーム、ローランド・ベルガーなどへの転職に成功している。しかし、一〇一人の遠藤ゼミ卒業生でMBAを活かして、外資系企業、経営コンサルティング会社に転職した人は、一〇人にも満たない。WBS全体でみれば、MBA取得がプラスとなってキャリアチェンジした人は、せいぜい五%程度だと思われる。

知名度が高く、それなりの評価を得ているWBSの卒業生でさえ、その程度の比率である。ましてや、誰でも入れるビジネススクールを卒業した「なんちゃってMBA」が「市場価値」を高める手段になるはずもない。

日本において「市場価値」の向上につながりうるMBAは、KBS、WBS、一橋、神戸などのほんの一部の学校にすぎない。これらの学校の卒業生は毎年五〇〇人程度だ。

そして、その五〇〇人のなかで、外資系企業やコンサルティング会社へと転職するのは一〇％以下、どんなに多く見積もっても五〇人ほどだ。つまり、毎年誕生する五〇〇〇人のうちの一％に満たない人だけが、MBAの実質的な恩恵を享受しているにすぎない。

ローランド・ベルガー幹部もMBA取得者は三割程度

海外のビジネススクールでも、コンサルティング会社の人気は高い。マッキンゼーやBCGといったトップコンサルティング会社を志望するMBAは多いが、実際に入社できるのはトップスクールの卒業生に限られている。

さらには、MBAだからコンサルタントとして成功するとは限らない。たとえば、ローランド・ベルガー東京オフィスには現在一六人の幹部（パートナー、プリンシパル）が在籍しているが、MBA取得者はわずか五人にすぎない。そのうちの一人はローランド・ベルガーのスポンサーシップでMBA（スペインのIESEビジネススクール）を取得しているので、入社時にMBAを取得していたのは四人だけだ。

私以外のMBA取得者はマサチューセッツ工科大学（MIT）のMBAが二人、そしてKBSが一人のみだ。東京オフィスの現代表である長島聡さんは工学博士ではあるが、M

ＢＡではない。

私の相棒として東京オフィスの発展に力を注いでくれ、私の後任の代表となった水留浩一さんもＭＢＡではない。彼はローランド・ベルガーを〝卒業〟後、日本航空の副社長として同社の再生に尽力し、現在はあきんどスシローの社長として活躍している。

つまり、少なくともローランド・ベルガーではＭＢＡでなくても出世できるし、活躍できるということだ。コンサルタントとして成功するかどうかは、ＭＢＡであるかどうかとはまったく関係がない。

結論を言えば、日本のＭＢＡにはほとんど価値がない。ビジネススクール側がどんなに宣伝しようが、日本でＭＢＡをとっても、劇的に人生が変わることなど期待できない。

大事なのは、ビジネスパーソンとして真の力をつけることだ。そのための鍛錬を怠ってはならない。そして、「力をつける」とはＭＢＡを取得することではない。表向きの見栄えをよくしようとするのではなく、泥臭く、自らの実体を磨く地道な努力が必要なのだ。

不幸にもＭＢＡを取得した人へ――六つの処方箋

とはいえ、現実をみれば、国内の「なんちゃってＭＢＡ」を取得してしまう人たちが毎年五〇〇〇人規模で生まれている。私は経営コンサルティング会社の経営者として、採用する立場で数多くのＭＢＡと接してきた。国内でＭＢＡを取得した人たちが大きな勘違いをして、不幸なビジネスキャリアを歩まないために、「なんちゃってＭＢＡのための六カ条」をお伝えしておこう。

①ＭＢＡであることをひけらかさない

一部の限られたビジネススクール以外は、国内のＭＢＡにほとんど市場価値はない。市場価値のないものをアピールすることほど無意味なことはない。意味がないばかりか、「勘違い人間」とみなされる恐れすらある。

なかには、ご丁寧に名刺に「ＭＢＡ」と記載する人もいる。ハーバード・ビジネススクール卒業を売りにしたキャスターが経歴詐称で姿を消したが、あれはハーバードだから話題になるのだ。誰でも入れる、誰でも取得できるＭＢＡをひけらかすことは、「その程度の人なんだ」と烙印《らくいん》を押されるだけである。

②履歴書でアピールしない

転職をめざす人がMBAであることを売りにしたい気持ちは理解できる。しかし、採用する側の立場で考えれば、MBAは大学院卒の「頭でっかち」である。ポストや給与にこだわりがちなMBAよりも、普通の転職希望者や第二新卒者のほうがはるかに扱いやすい。MBAは日本では人気がないばかりか、敬遠されてしまうことも多い。履歴書に記載しないわけにはいかないが、MBAをアピールすることがプラスになるどころかマイナスにさえなるという現実を認識しなければならない。

③横文字を使わない

MBAは横文字（英語）を使いたがる。はやりの横文字を連発し、最新のビジネス事情に精通していることをアピールしたがる。しかし実際には、授業で習ったり、本で読んだりした知識の受け売りにすぎず、ちょっと質問されたりすると簡単にボロが出る。

ビジネススクールのなかではそれで通用するかもしれないが、一般企業、とくに現場では横文字はまったく伝わらない。安易に横文字に逃げるのではなく、自分が何を伝えたいのかをしっかり考え、適切な日本語で適切に表現することを心掛けなければならない。

④現場で汗かく仕事を志願する

ＭＢＡ取得者は企画や管理の仕事を希望することが多い。しかし、企業において実際に価値を生み出しているのは現場である。ＭＢＡだからこそ現場での泥臭い仕事を志願し、そこで現実から学び、成果を上げなくてはならない。

どれほど精緻な分析を行なおうが、理路整然とした書類を作成しようが、それだけでは一銭の利益にもならない。目の前にいる顧客と対峙《たいじ》し、厳しい競争にさらされている現場に身を置くからこそ、生きた戦略や組織マネジメントの要諦《ようてい》を学ぶことができる。現場こそが真の学習の場である。

⑤語学力を磨く

国内ＭＢＡの最大の弱点の一つは、国際性の欠如である。一部の英語プログラムを除き、国内のビジネススクールの大半は日本人を対象とした日本語のプログラムである。ビジネスがますますグローバル化しているにもかかわらず、日本人だけが集まって同質的な議論をしても力はつかない。

ＭＢＡ取得にお金と時間をかけるくらいなら、語学学校に通い、語学力を磨くほうがはるかに実質的な価値がある。いまの世の中、英語が話せるのは当たり前であり、さらに中国語などのニーズも高まっている。語学力を磨くと同時に、異文化コミュニケーション力を高めなければ、グローバルに通用するビジネスリーダーにはなれない。

⑥勉強しつづける

ＭＢＡ取得者は経営に関する知識をひと通り学んだと思っているかもしれない。しかし、ビジネススクールで学ぶ知識は初歩的かつ表面的なものにすぎない。ＭＢＡは経営の本質を理解するためのほんの入り口だ。ビジネススクールを卒業してからこそが、真の勉強の始まりである。

私がお付き合いしている日本企業の経営者たちは、実に勉強熱心だ。話題になっている経営書、ビジネス書のみならず、歴史や文化、教養など幅広い分野に興味をもち、勉強を怠らない。そうした努力こそがビジネスリーダーとしての幅と深さにつながる。

ＭＢＡ取得者こそ「わかったつもり」にならずに、貪欲に勉強をしつづけなければならない。何をどのように勉強したらよいかについては、第５章で具体的に紹介しよう。

第3章　カリキュラム、教員、学生……その不完全性に迫る

1.「分析屋」ばかりを生み出すMBAプログラム

いくら分析を繰り返しても、答えは導けない

知識創造理論の大家であり、日本を代表する「知の巨人」である一橋大学名誉教授の野中郁次郎先生と対談させていただいた際、野中先生が何気なく発せられた言葉に私は衝撃を受けた。野中先生は「長年、MBA教育に携わってきたが、数多くの〝分析屋〟ばかりを生み出してしまった」と、反省とも後悔ともとれることをおっしゃったのだ。

野中先生は竹内弘高先生（現ハーバード大学教授）とともに、一橋大学大学院国際企業戦略研究科を設立され、長年、MBA教育に尽力されてきた。その野中先生が現在のビジネススクールの姿を「〝分析屋〟を生み出す」プログラムだと批判されたのだ。

ミンツバーグも著書のなかで、こう指摘している。

MBAとは「Management《マネジメント》 By《バイ》 Analysis《アナリシス》（分析による経営）」の略である――という

のは古くからあるジョークだが、実は笑い事ではまったくない。

本来、次世代ビジネスリーダーを育てるべきビジネススクールが、分析だけが得意な偏った人間を生み出しているのが実態なのである。

「経営に分析が必要ない」などと言うつもりはない。経営戦略や経営計画を策定する際には、外部環境、内部状況に関する定量的、定性的な客観的分析が必要だ。

しかし、いくら分析をしたところで、そこから自動的に答えが導き出されるわけではない。分析によって得られるものは、過去もしくは現在の一断面にすぎず、そこから未来の絵姿がみえるわけではない。

未来を創造するのが仕事である次世代ビジネスリーダーにとって、分析は最初の入り口にすぎない。未来という白地のキャンバスに自分が思い描く絵姿を描き、それを実現するのがリーダーの本来の仕事である。

ユニクロなどを展開するファーストリテイリングの柳井《やない》正会長兼社長は、ＭＢＡの本質的な課題を次のように指摘する[18]。

経営学修士（ＭＢＡ）が邪魔になっている人がすごくいる。ケーススタディを知っていて分析する力もあるから「自分はできる人材だ」と勘違いしている。（中略）こうした人たちには、「実行するのはあなたですよ」と言い続けている。

実際、私のＷＢＳでの授業でも、「分析偏重」に染まってしまった学生が数多くいた。彼らは「分析病」に罹《かか》っていた。

ある企業を題材に議論をすると、その会社についての分析は実に詳細に行なう。過去の財務データなどをもとに、その推移や相関関係などを熱心に分析し、分析結果をとうとうと説明する。

しかし、私が「では、あなたがその会社の社長だったら、次はどうする？」と質問すると、急にもごもごしはじめる。そして、通り一遍のつまらないことしか語ることができない。

「そんな平凡なことなら、分析なんかしなくたって誰でも言えるじゃないか」と私が指摘すると、うつむいたまま何も言えない。ここにＭＢＡプログラムが抱える病巣が見え隠れしている。

マザーハウスは成功しないと決めつけた学生たち

私はWBSで「経営戦略」という授業を担当していたが、毎年マザーハウス社長の山口絵理子さんをゲストスピーカーとして招いていた。山口さんは二〇〇六年に「途上国から世界に通用するブランドをつくる」をビジョンとして掲げ、アジアの最貧国バングラデシュのジュートを材料にしたバッグの工場を設立し、日本での販売を始めた。

それから十年が経過し、ネパールでのストールづくり、インドネシアでのジュエリーづくりへと広げ、店舗も日本のみならず台湾、香港へと進出している。安定的に利益を生み出し、いまでは年間売上高三〇億円をめざし、着実に進化している。

山口さんがマザーハウスを立ち上げた当初、私は彼女を授業のゲストスピーカーとして招き、彼女の「野望」について語ってもらった。そして、学生たちに「山口さんがやろうとしていることをどう評価するか？」という課題を提示し、何人かの学生に発表してもらった。

発表した学生全員が山口さんの挑戦に否定的な内容の発表をした。バングラデシュという国を調べ、政治的不安定さ、インフラ整備の遅れ、品質の悪さなどを指摘し、バングラデシュでの生産はうまくいかないと論じた。また、バッグ市場や消費者の嗜好性についての情報を集め、「『メイド・イン・バングラデシュ』のバッグなど誰も買わない」と決めつけた。

学生たちはさまざまな情報を集め、多面的に分析し、「山口さんの挑戦はうまくいかない」と結論づけたのだ。

しかし、山口さんは幾多の困難を乗り越え、バングラデシュで高品質のバッグを生産し、それらは日本をはじめアジアの国々で受け入れられ、会社はしっかりと成長し、利益を上げている。

ＭＢＡという「分析屋」は、「できない理由」を列挙するのは得意である。そして、自分は合理的、論理的だと信じている。しかし、その合理性は実に底が浅い。それに対し、山口さんは「どうしたらできるか？」を常に考えている。自分の眼で現実を直視し、どんな困難があろうが自分の力で未来を切り拓こうとしている。そんな人に、過去の数字など何の意味ももたない。

「分析屋」が Management By Analysis であるのに対し、山口さんは Management By

Action（行動による経営）を実践している。未来を切り拓くために必要なのは「分析」ではなく、「行動」であることを、身をもって証明している。この歴然とした違いを乗り越えないかぎり、ＭＢＡの価値が高まることはありえないのだ。

ミンツバーグの指摘は何を意味していたのか

「分析屋」ばかりを生み出すという弊害は、日本のビジネススクールだけの問題ではない。ミンツバーグが危惧するように、米国のトップスクールでも分析偏重のＭＢＡが量産されている。

ビジネススクールでは「分析至上主義」を助長する理論やフレームワーク、ツールなどを山ほど教える。経営の本質を教えるのではなく、経営を単純化させてしまう薄っぺらいテクニックばかりに走っている。

経営の本質を理解している人間であれば、テクニックに溺れることはないだろう。しかし小利巧だが経験に乏しい人間にテクニックだけを教えると、テクニックに操られ、暴走してしまう。

たしかに海外のトップスクールは独自のビジネスモデルを築き上げ、「商売」としては大成功を収めている。定員にも満たないビジネススクールが山ほどある日本と比べれば、「商売」の上手さという面では秀でている。

しかし、「商売」として成功しているからといって、そこから生み出される「商品」の質が高いとは限らない。

ビジネススクールにとっての「商品」とは、言うまでもなく卒業生である。海外のトップスクールの卒業生たちの初任給は、日本のＭＢＡが羨むほど高額だが、初任給の高さは必ずしも「商品」の質の高さを示すわけではない。

ミンツバーグが指摘する「間違った人間を間違った方法で訓練し、間違った結果を生んでいる」とは、具体的に何を意味しているのか。

ビジネススクールという「不完全な装置」を形成する「カリキュラム」「ファカルティ（教員）」そして「学生」という三つの視点から、その「不完全性」を検証していこう。

2.「実践の場」を提供できないカリキュラム

切り刻めば刻むほど、経営がみえなくなっていく

経営に必要な知識を体系的に学ぶ――多くのビジネススクールがＭＢＡの価値をそうアピールする。営業しか知らない、経理しか知らない、生産管理しか知らない、そんな狭い範囲での知識と経験だけでは、有能なマネジャー、辣腕《らつわん》経営者にはなれない。だから、若いときに経営に関する多面的な知識を体系的に学ぶことが大事だと煽る。

そのアピールは日頃狭い世界に閉じこもり、「このままでいいのだろうか……」と漠然とした不安を抱えている中堅層に突き刺さる。そして、彼らはビジネススクールの門を叩く。

しかし、ここに大きな「まやかし」がある。知識を体系的に学べば、本当に有能なビジネスリーダーになれるのだろうか。

答えは「ＮＯ」である。

ビジネスリーダーとしての素養と経験がある人間が知識を学べば、それを活かすことはありえる。しかし、体系的な知識を詰め込むことが、ビジネスリーダーとしての素養を高

めることにはつながらないし、ましてや経験の代替にはなりえない。

経営に関する知識を教えるためには、経営を分解する必要がある。経営戦略、マーケティング、ファイナンス、財務会計、組織、人事など、経営を〝切り刻み〟、それぞれの専門の教員が切り刻まれた科目を教える。

たとえば、WBSの「夜間主総合」プログラムでは、必修コア科目(七科目)、選択必修コア科目(五科目中三科目以上)、そして選択科目(一〇科目以上)、プロジェクト研究論文を組み合わせて、五〇単位以上取得することが求められている。

WBSは選択科目が充実している。これだけ多様な選択科目を用意できるのは、他のビジネススクールに比べ規模が大きく、多様なバックグラウンドの教員を揃えることができるWBSならではの強みである。

しかし、多様な科目を用意するということは、経営をさらに細かく〝切り刻む〟ことでもある。切り刻めば刻むほど、経営そのものがみえなくなっていく。

ミンツバーグはMBAのカリキュラムを「組み立て家具型マネジメント教育」と呼び、その欠点をこう指摘する。

学校が部品を用意して、学生がそれを組み立てる。

しかし残念ながら、ビジネススクールは組み立て方を教えてくれない。おまけに、部品がうまく合わない。みかけはきれいに切断してあるように見えて、実は部品が不ぞろいなのだ。

こうした弊害はビジネススクール側も認識している。WBSはこの弊害を軽減させるために、「総合経営」という科目を必修コア科目として新設した。

私は得体の知れないこの科目を担当していたが、正直、何をどう教えていいのか途方に暮れた。経営戦略やマーケティング、ファイナンスなどのオーソドックスな科目であれば、それぞれ古典的な定番の教科書があるから、それに沿って教えていけば授業が破綻することはない。しかし、「総合経営」には教科書などない。

そもそも経営とは「総合」である。教える側の都合で経営を切り刻み、教えやすいユニットに分解しているが、経営者は常に会社全体のことを総合的に考え、意思決定を行ない、実践しなければならない。

にもかかわらず、それをマスターするための教科書は存在せず、教えられる教員も限られているのだ。

ビジネススクールの致命的欠陥は「現場」がないこと

人間にとって「学ぶ」ことは大切だ。生きるとは学ぶことと置き換えてもいいかもしれない。しかし、知識だけを体系的に学んだところで、経営を理解したことにはならない。経営においては「経験」こそが最高の学びだ。一〇〇万の知識を得ようが、たった一つの泥臭い経験にはかなわない。

ビジネススクールの根本的な欠陥は、経験を積むことができる「実践の場」を学生たちに提供できないという一点に尽きる。ビジネススクールには「現場」が存在しないのだ。どんなに多様な科目を用意したところで、それは現実から乖離《かいり》した教室のなかで、疑似的な世界での机上の空論を教え、学んでいるにすぎない。それではビジネスのリアリズム、プラグマティズムを学ぶことはできない。

ビジネスリーダーはヒリヒリするような実体験を通じてでしか育たない。ビジネススクールはそうした「ヒリヒリするような場」を学生たちに提供することができない。これは致命的な欠陥である。

「実践の場」がないということは、人間がもっているエネルギーを「出力」(output)する機会がないということである。経営やビジネスに関する知識を詰め込み、「入力」(input)は増えていくが、それを活かす場がない。

人は「出力」によって成長する。人は「出力」する過程で多くのことを学ぶ。想定外のことが起きたり、理屈どおりにはいかないのが現実だ。その過程から多くの気づきや知恵を得て、それが血肉となる。ビジネススクールでの学びはしょせん「入力」であり、「入力」だけで人を鍛えることはできない。

そうしたビジネススクールの欠陥を補うものとして生み出されたのが、ケーススタディである。ハーバード・ビジネススクールが生み出したこのメソッドは、いまではＭＢＡの代名詞となっている。

しかし、このケーススタディも「ヒリヒリ感」には乏しい。教科書をもとにした知識詰め込み型の授業よりはましかもしれないが、しょせんケースは「単純化されたバーチャルな世界」にすぎない。責任の重さや複雑な利害関係から生まれる緊張感や不安感、高揚感がないまぜになった「ヒリヒリ感」を体感することなどできない。

ハーバードMBAの南場智子さんは、前掲書でケーススタディをこう切り捨てる。

たかが二〇ページの条件で、結論なんか出せない。こんなこと言うと怒られちゃうけど、ケーススタディは馬鹿馬鹿しく思えた。

経営は常に真剣勝負だ。「ヒリヒリ感」に欠ける教室のなかでケーススタディをどれほどこなそうが、意思決定の訓練にはなりえない。

「ヒリヒリ感」を生み出せないコンサルやインターン

ケーススタディ以外にも、実践に近い訓練をさせようとビジネススクール側も工夫はしている。たとえば、ベンチャー企業に対するコンサルティングを行なったり、インターンとして企業内で実務経験を積むなど、知識偏重から実践重視へとシフトしようとはしている。しかし、これらも「ヒリヒリ感」は生み出せない。

私も米国留学時代、「コンサルティングプロジェクト」という授業をとり、五〜六人のメンバーでボストン郊外のバイオベンチャー企業に対するコンサルティングを行なった。しかし、三〜四カ月の期間で、業界も知らない、経験も足りない「素人」が実効性のある提言などできるはずもない。米国のベンチャーの実態を知るという意味では面白い経験だったが、それで力がついたとはとても言えない。

私はWBSのフルタイムMBAで「オペレーション戦略」という英語の授業を担当していた。海外からの留学生を主な対象にした五日間の集中講義だ。

留学生たちに日本のモノづくりや現場力を教えるのが目的だが、大学の教室に閉じこもっていたのでは、日本企業の現場の凄さやこだわりを伝えることはできない。

そこで、私は五日間の授業日程のうち、三日間は学生たちと一緒に製造業やサービス業の現場を実際に訪ねる授業内容にしていた。現場を自分の眼でみて、現場の人たちの話を自分の耳で聴き、現場の空気を自分の肌で感じることの重要性を学生たちに知ってもらいたかったからだ。まさに「現地現物」を実践する授業内容に仕立てた。

数十人規模の現場見学をアレンジするのは手間隙がかかり、移動のためのバスをチャーターするなどの費用は私が負担した。しかし、私は留学生たちに教科書では学べない体験をしてもらいたかった。

この授業は学生たちにとても好評だったが、昼間に学ぶフルタイムMBAだからこそ実施することができた。平日夜と土曜に学ぶパートタイムMBAの学生たちからも、大学のキャンパスを離れ、企業の現場で学びたいという強い希望があったが、実現は困難だった。その代わりに、授業に経営者だけでなく現場で働く人たちをゲストとして招き、最前線で働く人たちの「生の声」を聴くようなセッションを設けた。現場目線での泥臭さを学ぶのには有効だったが、現場ならではの空気感を伝えることはできなかった。

教科書やケーススタディだけを通して、理論や知識を学ぶというビジネススクールのカリキュラムは明らかに時代遅れになっている。複雑、曖昧、混沌としたビジネスの現場を、ビジネススクールは用意することができない。その不完全性を乗り越える方法論を生み出さなければ、ビジネススクールの価値は下がる一方である。

3. そもそも教員が経営の何たるかを知らない

研究者教員と実務家教員のバランスなど無意味だ

「カリキュラム」の不完全性に加えて、「ファカルティ（教員）」の不完全性も深刻だ。切り刻まれた専門科目に関する知識はあっても、経営そのものを知らない、体感したことがない教員が大半なのである。

そうした弊害を補うために、専門職大学院は専任教員中の三割以上を実務家教員にすることを求めている。実務家教員とは、実際のビジネスの現場を経験したことがある経営幹部経験者や経営コンサルタントなどを指している。

私はＷＢＳの実務家教員だった。内田和成さん（ＢＣＧ元日本代表）、大滝令嗣《れいじ》さん（エーオンヒューイットジャパン元会長）、平野正雄さん（マッキンゼー元日本支社長）など著名なコンサルタント経験者を揃えているのが、ＷＢＳの売りの一つだ。

実務家教員以外は、研究者教員ということになる。経営学の研究者としてそれぞれの専門領域に関する論文を執筆したり、学会活動を行なっている人たちだ。入山章栄《いりやまあきえ》准教授（ニューヨーク州立大学バッファロー校元助教授）など新進気鋭の研究者教員もＷＢＳに加わった。

ビジネススクール側は「研究者教員と実務家教員のバランスが大事だ」と主張するが、これも私からみれば「まやかし」だ。研究者教員だろうが、実務家教員だろうが、ビジネスクールで次世代リーダーを育てようとするなら、どの教員も経営の本質を常に探求しなければならない。

研究者教員だから「理論」だけ教えていればいい、実務家教員だから「実務」に近いことを教えればいいという安直な役割分担では、深みのある授業などできるはずもない。研究者であろうが、実務家であろうが、大事なのは「経営とは何か」という本質に常に迫ろうとする姿勢と努力である。

私は経営コンサルタントという仕事に三十年近く携わり、外資系コンサルティング会社の社長にもなった。大手企業数社で社外役員を務め、ビジネススクールの教授として十年以上教えてきた。

にもかかわらず、「経営とは何か」と問われれば、いまだに答えに窮する。経営とはそれほど奥が深い。

ビジネススクールの教員に求められているのは、知識や経験を「切り売り」することではない。経営を探求し、経営の要諦に関する自分なりの考えを学生たちにぶつけ、経営マインドをもった未来のビジネスリーダーを育てることだ。次世代リーダーをめざそうとする学生たちにとって、研究者教員、実務家教員の分類など、まったく意味がないことなのだ。

居心地のいいサイエンスへと逃げ込む教育者たち

ミンツバーグは「マネジメントの成功は、アートとクラフトとサイエンスがそろったときに生まれる」と断言する。

アートは「創造性（精神性）」、クラフトは「経験（感覚的）」、そしてサイエンスは「論理（理性）」を意味している。

そして、彼は「従来型のＭＢＡ教育は、サイエンス、具体的には分析を教えることにほぼ終始している」と厳しく批判する。

マネジメントが純粋にサイエンス（科学）であり、再現性があるのなら、経営理論や過去の事象に基づくケーススタディは大いに有効である。

しかし、現実のマネジメントに再現性はない。経営は「生き物」であり、時々刻々と変化する環境に対応していかなければならない。過去の経験や知恵が参考になることはあっても、それがそのまま答えになることはない。

ミンツバーグはマネジメントの本質をこう言い切る。

マネジメントがサイエンスや専門技術なら、経験のない人にも教えられる。しかし、マネジメントはサイエンスでもなければ、専門技術でもないのだ。

教える側からすると、サイエンスを教えるのは比較的たやすい。過去の事例を単純化し、後づけの理論やフレームワークをもとに分析的にみせれば、もっともらしく聞こえる。これなら「経験のない人」でも教えられる。

しかし、アートやクラフトといった曖昧模糊《あいまいもこ》としたものを「経験のない人」が教えるのは至難だ。

何かを成し遂げようとする熱い情熱、複雑で面倒くさい人間関係、現場で長年にわたって培ってきた勘やコツ……。経営をサイエンスだと割り切れば、これらの面倒な事柄は切り捨てることができる。

ビジネススクールの教員たちは実に賢い。彼らは自分たちに教えられるものしか教えないし、答えに窮するものは教えない。

だから、彼らは居心地のいいサイエンスに逃げ込む。しかし、それは経営の本質を直視しようとしない「逃げ」と言わざるをえない。

社外役員に就いている教員の数はごくわずか

私はビジネススクールで教える教員は、ビジネスの実世界とそれなりの「接点」をもっていなければならないと信じている。ビジネスの世界でいま何が起きているのか、世の中の経営者たちは何を考え、何をしようとし、何に悩んでいるのか。そうしたリアルな感覚がないまま、教科書どおりに理屈だけを教えても、ビジネスを教えていることにはならない。

「経営学」を教えられる先生はいくらでもいるが、「経営」を教えられる先生は、わずかだ。「戦略論」を教えられる先生は山ほどいるが、「戦略」を教えられる先生は、滅多にいない。

だから、私自身WBSでの教職を本職としながらも、ローランド・ベルガーのコンサルティングプロジェクトに関わったり、社外役員の仕事を兼任していた。世の中の潮流についていく努力がなければ、ビジネススクールで教える資格はない。

ビジネススクールの教員にとって理想的な「接点」の一つは、社外役員になることだろう。日本企業はコーポレートガバナンスの強化策の一つとして、社外役員の起用を積極的に進めており、ニーズは高まっている。

しかし、現実にビジネススクールの教員で社外役員に就任している例はまだ少ない。WBSにおいても、五〇人近い専任教員のうち、わずか数人にすぎない。

経営の意思決定の現場では、何がどのように議論され、どのように組織的な判断や決断が行なわれているのか。そのリアリズムを体感しなければ、経営の複雑性や総合性は理解できない。実際の経営は「教科書」のようには回っていない。

社外役員に就任するのは、実務家教員だけとは限らない。たとえば、野中郁次郎先生は富士通、エーザイ、セブン&アイ・ホールディングスなどの社外取締役を務められ、現在も三井物産などの社外取締役だ。

研究者教員だろうが、実務家教員だろうが、「ぜひ我が社の社外役員になってほしい」と請われる教員が少ないことが、日本のビジネススクールのレベルの低さを示しているとも言える。

インスパイアできる教員が存在しない

アメリカの教育者ウィリアム・アーサー・ウォードは有名な言葉を残している。

The mediocre teacher tells.（凡庸な教師はただしゃべる）
The good teacher explains.（少しましな教師は理解させようと努める）
The superior teacher demonstrates.（優れた教師は自分でやってみせる）
The great teacher inspires.（偉大な教師は生徒の心に火をつける）

次世代ビジネスリーダーを育てることがビジネススクールの目的であるなら、教科書をもとに知識を「切り売り」するのではなく、学生たちをインスパイア（心に火をつける）することができる教員でなければならないはずだ。しかし残念ながら、そうした教員はきわめて限られている。

教育という言葉は「教え育てる」と書く。私が知るかぎり、日本のビジネススクールには「教える」ことはできても、「育てる」ことが不得手な、もしくは関心がない教員が多い。

ミンツバーグはビジネススクールで教える教員の資質についてこう語っている。

本当に必要なのは、興味深いテーマを紹介し、学生を刺激し、話を聞き、総合することを通じてクラス全体の参加を引き出す教員だ。

WBSには素晴らしい教員もいるが、どうしようもない教員もいる。研究者教員であるにもかかわらず、まったく論文を発表しない。実務家教員でありながら、現実のビジネスがどのように進化しているのかまったく興味がない。残念ながら、そんな質の低い教員もいるのが現実なのだ。

教員評価を厳しく行ない、ダメな教員は去れ

こうした教員でも、いったん専任教員になってしまえば、定年まで安泰だ。そもそも大

学には教員を評価する仕組みがない。私も早稲田に十三年間在籍したが、教員としての評価を受けたことは一度もない。

米国の大学で教える教員たちは、「テニュア（tenure）」という資格をとることに必死になる。これは教職員の「終身雇用資格」であり、優秀な研究者、教員の身分を保障するものである。

この「テニュア」を取得するのはとても大変だ。研究活動、教育活動、雑事務の三本柱の審査基準をクリアし、いくつもの委員会や理事会での審査に合格しなければ「テニュア」は手に入らない。

専任教員になる時点で、研究者や教員としての資質が多面的に評価され、厳格な基準をパスした人だけが専任教員になっている。米国では「テニュア」を有しているかどうかは、教員の身分として決定的な差なのだ。

米国と同様のシステムを採用している中国の長江商学院では、助教授は国際的なジャーナルに五本の論文が採用されないと「テニュア」を獲得できない。だから、「テニュア」獲得をめざす若手教員は、必死に努力する[19]。

それと比べると、日本のビジネススクールで教えている教員の多くは、専門職大学院ブームのなかで登用された人たちも多く、きわめて安易に教授、准教授に採用されている。率直に言ってしまえば、「採用ミス」の教員も相当数いるのだ。

ビジネスを教えるビジネススクールだからこそ、競争というルールを自ら課すべきである。教員評価を厳しく行ない、ダメな教員は去っていくという新陳代謝を促進しなければ、日本のビジネススクールの質を高めることはできない。

4．同質的な仲良しクラブに満足する学生たち

日本のMBAは働きながら通う人たちが中心

「カリキュラム」「ファカルティ（教員）」という供給側の要素に加えて、需要側である「学生」という要素についても、検証が必要である。

海外のトップスクールと日本のビジネススクールの大きな違いは、対象とする学生の違いにある。海外のトップスクールはフルタイムMBAである。つまり、会社を辞めて、二年間もしくは一年間、朝から晩までどっぷり浸かって勉強し、卒業後にキャリアチェンジ

をめざす学生たちが入学してくる。

会社を辞めるというリスクをとり、自分に多額の「投資」をするのだから、上昇志向が強く、野心に溢れた学生たちばかりである。もちろんその背景には、転職によるキャリアアップが当たり前という労働流動性の高さがある。

しかし、日本は米国に比べると転職市場がいまだ小さく、またＭＢＡに対する評価も低いので、ＭＢＡをとってキャリアチェンジしようとする人はきわめて少ない。また、本気でキャリアチェンジを考える人は、海外のビジネススクールを優先的に考える。結果として、日本におけるフルタイムＭＢＡの市場は「小さな池」のままである。

日本のビジネススクールの大半は、パートタイムＭＢＡ、つまり働いている社会人を対象に、平日夜間と週末に通い、ＭＢＡ取得をめざすプログラムである。会社を辞めるほどの覚悟はないが、経営に関する勉強はしたいので、働きながらビジネススクールに通うという学生が圧倒的に多い。日本ではパートタイムＭＢＡは「大きな池」ということになる。

ＷＢＳはフルタイム、パートタイムの両方を提供する数少ないビジネススクールだが、「大きな池」であるパートタイムＭＢＡの人数を増やし、充実させることによって経営的に安定させている。

退路を断った学生が、真剣勝負の授業をつくり出す

一般的には、ビジネススクールの質はカリキュラムやファカルティ（教員）という供給側の要素によって決まると思っている人が多いかもしれない。しかし、実はいちばん大事な要素は、需要側である学生の質である。学生の質こそが、ＭＢＡの質を決めると言っても過言ではない。

にもかかわらず、日本のビジネススクールの多くは学生集めに苦労し、定員割れ、ほぼ全入という学校も多い。これでは学生の質が高まるはずもない。

パートタイムＭＢＡは日本においては「大きな池」であるが、専門職大学院制度によってビジネススクールが一気に増えたことによって、競争は激化している。

ＷＢＳは人気も高く、とくにパートタイムＭＢＡは他校と比べれば高い入試倍率を維持している。それでも倍率は三倍には届かない。七人に一人しか入学できない米国のトップスクールと比べれば、まだまだ見劣りする。

学生の質の高さは、教員採用にも影響する。「どうせ教えるなら質の高い学生相手に教

えたい」というのが教員の本音だ。したがって、WBSは近年、質の高い教員を採用できている。

しかし、私からみれば日本のビジネススクールの学生の質はまだまだ物足りない。WBSに入学する学生は、他校と比べれば優秀で、やる気もある。だが、海外のトップスクールの学生たちのような、退路を断った必死さは感じない。何が何でも成功したい、石に齧《かじ》りついてでも出世してやるといった熱が不足している。

私はWBSの提携校であるシンガポールの南洋理工大学の集中講義で三年間教えたが、そのときの体験は強烈だった。国籍は実に多様だった。シンガポール人、インド人、マレーシア人などのアジアの学生に、欧米からの留学生が混じっていた。

彼らは実に demanding（要求や注文が多い）だった。要求をどんどんぶつけ、自分たちの気持ちをストレートに表現する。「投資」は絶対に回収するという意識の現れだ。

あるとき、私の授業が終わると、何人かの学生が真剣な顔つきで私に詰め寄ってきた。何事かと思って話を聞くと、WBSから派遣されているもう一人の教員の授業内容がひどすぎるからなんとかしろ、と私に文句を言ってきたのだ。改善されなければ、その教員の授業をボイコットすると言う。

私はすぐに日本側と相談し、その教員とも善処策を話し合った。できるかぎりのことは対応したつもりだが、学生たちの不満を完全に解消するのは難しかった。

日本ではこんなことはまず起きない。授業内容に不満な教員がいても、じっと我慢するおとなしい学生がほとんどだ。しかし、それでは授業の質は改善されない。

教員と学生のあいだには、いい意味での緊張関係が不可欠だ。退路を断った学生を相手にするからこそ、講義は真剣勝負になる。日本のＭＢＡプログラムには、この緊張関係が欠けている。

「真の多様性」からほど遠い日本のビジネススクール

日本のビジネススクールは「多様な人たちとの出会い」をアピールし、ＭＢＡの価値の一つだと宣伝する。しかし、これも「まやかし」だ。

たしかにビジネススクールに入学すれば、さまざまな業界、さまざまな職種の人たちと出会う。入学前までは、一つの会社の一つの部門にどっぷり浸かっていたのだから、目新しい人たちとの出会い、交流は新鮮に映る。

しかし、しょせん同じ日本人同士であり、カルチャーショックを受けるような劇的なものではない。最初は「違う」と思っていても、関係を深めていけば根っこの同質性に気がつく。

その点、私自身が経験したように、海外のビジネススクールへの留学は、ＭＢＡ以前に、留学自体に大きな価値がある。三十歳前後の血気盛んなころに、まったく異なる価値観と遭遇したり、日本という国、日本人であることを客観的に考えざるをえない環境に身を置くことの価値は、とてつもなく大きい。

真の多様性とは、時に居心地が悪いものである。しかし、日本人からすると理解できないほどの異質性や未知の世界を体感しなければ、世界の広さを実感することはできない。

残念ながら、国内のビジネススクールではそれを期待することはできない。真の多様性を実感するには、日本を飛び出すしかない。

ビジネスはますますグローバル化が進展している。そうしたなかで、日本で日本人学生を対象に、日本人が日本語で教えるＭＢＡプログラムにどれほどの価値があるのか。同質性の高い居心地のよい仲良しクラブのままでは、日本のビジネススクールはガラパゴスになるだけである。

第4章　有名ビジネススクール責任者としての苦闘

1．一大学に複数のビジネススクールが存在した理由

二回の統合を経て、三つのＭＢＡが一つになったが……

前章ではビジネススクールという「装置」が、いかに不完全なものであるかを解き明かしてきた。日本ならではの問題点もあれば、ビジネススクール自体が内包する根本的な問題点もある。

ＷＢＳで教えていた私は、こうした問題点を当事者として認識していた。そして、二〇〇九年にはＷＢＳの責任者である「プログラムディレクター」となり、改革の矢面《やおもて》に立たざるをえなくなった。

本章ではビジネススクールの責任者として私が経験したこと、そしてそこから垣間見《かいまみ》えたビジネススクールの実態について記そうと思う。

ＷＢＳは私が在籍した約十三年間で外形的には大きく変わった。というより、変わらざるをえなかったと言ったほうが適切だろう。

私は二〇〇五年にアジア太平洋研究科国際経営専攻教授に就任した。国際経営専攻は一九九八年に開設したフルタイムＭＢＡで、ここがＷＢＳの源流だ。日本語コースだけでなく、留学生を主たる対象とする英語コースを開設し、国際性を強く打ち出していた。

国際経営専攻は二〇〇七年に商学研究科にあったパートタイムＭＢＡのプロフェッショナルコースと統合し、商学研究科ビジネス専攻が誕生した。私の名刺のタイトルは商学研究科ビジネス専攻教授に変わった。

ＷＢＳはさらに変化を続けた。私が退任した翌月の二〇一六年四月に商学研究科ビジネス専攻とファイナンス研究科が統合し、経営管理研究科が生まれた。

ファイナンス研究科は二〇〇四年にファイナンスに特化した専門職大学院として開設された。金融機関に勤める社会人が通いやすいようにと日本橋にキャンパスをもっていた。

二回の統合を経て、早稲田のＭＢＡはようやく一つになった。アジア太平洋研究科国際経営専攻、商学研究科プロフェッショナルコース、そしてファイナンス研究科という三つのＭＢＡが一つの大学に存在するという奇妙な状況が解消された。

しかし、早稲田にはほかにもビジネススクールらしきものが存在する。創造理工学研究科には経営デザイン専攻という技術経営を中心に教えるビジネススクールがある。また、会計専門家を育てることに特化しているが、会計研究科もビジネススクールと言うことができる。これらを加えれば、早稲田には五つものビジネススクール、もしくはそれに類似するプログラムがあったことになる。

同じ大学なのに、他のプログラムの授業が履修できない

なぜ一つの大学に複数のビジネススクールが乱立するようなことが起きてしまうのか。その根本原因は、そもそも大学全体としてどのようなビジネススクールをめざすのかという全体構想がなく、さらには組織統治が弱いので、個々のプログラムを立ち上げようとする別々の動きを調整したり、連携させることができていないからである。

時代の流れに即した新たなプログラムを開設すること自体が悪いわけではない。しかし、似たようなプログラムがバラバラに検討され、いつの間にかできあがってしまう。

一般の民間企業であれば、似たような新規事業が三つもバラバラに立ち上がるようなことはありえない。経営資源が分散してしまっては、勝てる戦《いくさ》も勝てなくなってしまうのは自明である。

しかし、それぞれの学部の独立性が高い大学という組織では、コップのなかの小さな合理性ばかりに終始し、大きな合理性を欠くようなことが平気で起きる。誰も全体最適を考えずに、部分最適の集合体と化してしまうのだ。

もちろんそれぞれのプログラムは差別化を考え、独自性を打ち出そうとはしている。アジア太平洋研究科国際経営専攻はフルタイムＭＢＡで、英語のプログラムをもつ。商学研究科プロフェッショナルコースは働きながら学ぶ社会人をターゲットとするパートタイムＭＢＡ。そしてファイナンス研究科はファイナンスのスペシャリスト養成に特化。各プログラムは独自の特徴を打ち出してはいたが、外からみれば「なぜ早稲田には三つもＭＢＡがあるのか？」「それぞれのプログラムはどのように違うのか？」という素朴な疑問がささやかれていた。

三つのＭＢＡが存在しても、お互いに連携し、学生にとってのメリットを打ち出すなどシナジーを追求するのであればまだいいが、現実にはそれぞれのプログラムは閉鎖的で、連携や情報交換はまったくなかった。

たとえば、学生が他のプログラムの科目を履修したいと思っても、履修できなかった。提携している海外の他大学の科目は履修でき、単位認定もされるのに、同じ大学のＭＢＡ

でありながら、相互受け入れをしないという摩訶《まか》不思議なことになっていた。

だから、他のMBAプログラムの科目履修を希望する勉強熱心な学生は、担当教員の了解を得たうえで聴講生として授業に参加するしかなかった。実際、私の授業にはファイナンス研究科の聴講生が何人もいた。

統合の理由は高邁な理念ではなく「学生集め」

一つの大学に三つのMBAがあるのが奇異であることをようやく認識した大学本部は、統合に向けた話し合いを始めた。三つのMBAの設立を認めておきながら、いまさら一つにしようというのは本末転倒だが、三つのMBAを抱えることの問題点も浮き彫りになってきた。

端緒となったのは、やはり学生集めの苦労だった。アジア太平洋研究科国際経営専攻はWBSの源流であるフルタイムMBAだが、すでに説明したように日本のフルタイムMBAの需要はとても小さい。

「大きな池」であるパートタイムMBAをターゲットにしなければ生き残っていけないと

いう危機感が強くなり、小さな規模ながらすでにパートタイムＭＢＡを行なっていた商学研究科プロフェッショナルコースとの統合に動いた。

国際経営専攻の教員のあいだには反対意見も多かった。世界のトップスクールはフルタイムＭＢＡである。二年間仕事から離れ、みっちり勉強しなければ、世界に通用するＭＢＡではないと主張する教員も多かった。

教員のなかにはライバルであるＫＢＳがフルタイムＭＢＡにこだわっているのに、需要があるからといってＷＢＳがパートタイムＭＢＡに衣替えするのは安直だと声高に主張する人もいた。

しかし、目の前には「学生が集まらない」という現実があった。理想論だけではビジネススクールの経営はできない。結果として、国際経営専攻はプロフェッショナルコースと統合し、パートタイムＭＢＡに大きく舵を切る選択をした。この方向転換によって、ビジネス専攻は経営的には安定した。

ファイナンス研究科も開講当初の人気に陰りがみえはじめた。入学定員一五〇人に対し、志願者は二〇〇人程度という低空飛行の状況が続いていた。

また、ＭＢＡを志望する学生の多くは、将来社長や役員、事業部長といったジェネラルマネジャーをめざすというジェネラルマネジメント志向が強い。そうしたなかで、「ファイナンスのプロを育てる」という理想だけでやっていくのはとても厳しい。最終的に、ファイナンス研究科はビジネス専攻との統合の道を選ばざるをえなかった。

高邁《こうまい》な理念を掲げて別個に誕生した三つのMBAは、結局、学生集めというきわめて現実的な理由で一つになったのである。

2.「組織のねじれ」に苦労する

二〇〇八年、商学研究科ビジネス専攻の教務主任に

早稲田にあった三つのMBAは二回の統合を経て、ようやく一つになった。一つの大学に三つのMBAが乱立するという状態はとても不合理なことだが、結果としてそれらが一つになることによって日本では最大級のビジネススクールが誕生したのだから、「結果オーライ」かもしれない。

しかし、組織図上で一つになることと、実質的に一体化することはまったく別物である。

一般企業でも、異なる生い立ち、文化をもつ企業同士が合併、統合するのには、とても大きな労力と時間を要する。

ましてや、一般常識がなかなか通用しない大学という組織における統合は、実にしんどい作業である。

私はアジア太平洋研究科国際経営専攻と商学研究科プロフェッショナルコースが統合を決め、新生ＷＢＳが誕生した翌年の二〇〇八年、商学研究科ビジネス専攻の教務主任、すなわち責任者になった。

本音を言えば、なりたくてなったわけではない。私の前任者で、統合の道筋をつけられた西村吉正教授（元大蔵省銀行局長）のご苦労ぶりをみていたので、「ビジネススクールの責任者なんてなるもんじゃない」と思っていた。

教務主任の選び方は、一般企業からみればとても特殊である。なりたい人が立候補し、投票で決まるという一般的な選び方ではなく、教授会で「この人がよさそうだ」という人を投票する。そして、最多得票を得た人が教務主任となる。その人が望むか望まないかは関係ない。

個人事業主的な色彩が強い教授陣が、「とりまとめ役」として「こいつなら大丈夫そうだ」と思う人間を選ぶやり方だ。当時、三〇人弱のビジネス専攻の教授の約八割が私に投票し、私は教務主任に祭り上げられてしまった。

たかが三〇人程度の組織を束ねるなんてたいした仕事ではないだろうと思ったら間違いである。この三〇人は理屈に強く（その多くは屁理屈だが）、弁が立つ。しかも、人の意見を傾聴しない。これを束ねるには相当なエネルギーが必要だ。

私はローランド・ベルガーの会長の仕事も非常勤でやっていて、実際の統合作業が大変であることも十分に予想できたので、本音を言えばやりたくなかった。しかし教務主任は持ち回りの仕事のようなものなので、「定年までにはいずれ一度はやらないといけないだろう。なら、いまのうちにやってしまおう」と思い直した。

当時の私は定年まで早稲田で勤め上げるつもりだったので、しぶしぶ引き受けることにしたのだ。

右腕となる教務副主任は、ＷＢＳで数少ない常識人で、バランス感覚の持ち主である西山茂先生にお願いした。私からみればどうでもいいような、つまらないことで自説を曲げない教員たちを、西山先生は粘り強く説得してくれた。西山先生がいなければ、私は教務主任の仕事をまっとうすることはできなかった。

教員の採用すら数の力で思いどおりにならない

ビジネス専攻教務主任になった私がまず苦労したのは、「組織のねじれ」だった。当時の早稲田大学商学研究科には二つの専攻があった。商学専攻とビジネス専攻である。

商学専攻は研究者養成を主たる目的とする修士課程、博士後期課程をもつ古くからの大学院である。早稲田大学商学部と直結した、いわゆる「二階建て大学院」であり、商学部のほとんどの教員が大学院でも教えていた。

統合によって、この歴史と伝統ある組織にビジネス専攻という彼らからすると得体の知れない「新参者」が加わったのである。研究者養成を本分とする商学専攻からみれば、時代の要請とはいえ「金儲け」を教える異分子が加わったことになる。

学生数を比較すれば、ビジネス専攻のほうが圧倒的に多い。世間的な注目度、認知度でみても、「ＷＢＳ」のブランドのほうが勝《まさ》っている。

この事実だけをみれば、ビジネス専攻教務主任としての私の仕事はたやすいと思うかもしれない。しかし、現実にはそうはいかなかった。たしかに学生数ではビジネス専攻のほうがはるかに多いが、指導する教員数は商学専攻のほうが多いのだ。商学部に所属する教授の多くが大学院である商学研究科を兼務し、商学専攻で教えている。これが「ねじれ」の原因だった。

たとえば、教員の採用である。ビジネス専攻の教員を採用する際にも、最終的には商学研究科教授会の過半の賛成が必要となる。ビジネス専攻の視点からみれば適切な候補者でも、学術研究中心の商学専攻からみれば「なぜこんな経歴の教員を採るんだ」ということが起きる。

教員採用の「物差し」自体がまったく異なり、選考プロセスもそれぞれの専攻中心で進められるので、もう一方の専攻の教員は面接などでの人物チェックに関わることがなく、履歴書だけで判断されてしまう。結果として、数の力で不採用になってしまった例もあり、とても歯がゆい思いをした。

「勝手に校長という肩書を名乗るな」というクレーム

「ねじれ」は教員採用以外にも影響を与えた。たとえば、教務主任という肩書は対外的にはまったく知られておらず、どのような役職なのかが皆目わからない。そこで、アジア太平洋研究科時代には「早稲田大学ビジネススクール校長」という非公式のタイトルを対外的には使っていた。

この肩書は決して早稲田だけではない。たとえば、ＫＢＳの責任者の肩書には経営管理研究科委員長に加えて「慶應義塾大学ビジネススクール校長」が使用されている。対外的には「ビジネススクール校長」という肩書はとてもわかりやすい。

しかし、この肩書に商学専攻の長老の先生たちが噛みついた。「早稲田で校長という肩書を名乗っていいのは、系列の中学校、高校だけだ。勝手に校長を名乗るのはけしからん」と文句をつけてきたのだ。

この件については、前振りがある。私の前任の教務主任だった西村吉正先生は「早稲田大学ビジネススクール校長」という肩書にこだわっておられ、統合交渉の際にはこの肩書の継続使用を大学本部、そして商学研究科の当時の責任者と合意していたのだ。

教員数は商学専攻のほうが勝っているので、数の論理によって商学研究科の研究科長には商学専攻の教員が就任することが確定的だった。ならば、せめてビジネス専攻の独立性をアピールするためにも、「早稲田大学ビジネススクール校長」というタイトルを維持したいというのが、西村先生の思いだった。

しかし、その「約束」は文書としては残っていない口約束だった。私は何度も交渉を重ねたが、結局、反故《ほご》にされた。その代わりに「早稲田大学ビジネススクールプログラムディレクター」という訳のわからないタイトルが与えられた。「ディレクター」はよくて「校長」はダメという理屈が、私はまったく理解できなかったが、受け入れざるをえなかった。

3．問題の根底にあるのは教員の質のバラツキ

まずは自ら夜間授業にシフトすることを決める

プログラムディレクターという肩書はついていても、特別な権限があるわけではなかった。ビジネス専攻会議の進行役を務め、さまざまな考えをもつ教員たちを取りまとめるのが主な仕事だった。

いまから振り返ると、商学専攻との確執よりも、ビジネス専攻のなかを取りまとめるほ

うがはるかに大変だった。敵は身内にいたのだ。

私がビジネス専攻の責任者を務めていたときの商学研究科長は、嶋村紘輝《ひろき》先生が務められていた。嶋村先生は私の苦労ぶりをみて、「大変だね」といつもかばってくださった。

それに対し、ビジネス専攻の教員のなかには、新たな方向性に非協力的な人が数多くいた。会議で理想論、原理原則ばかりを主張するが、自分からは決して動こうとしない。そんな原理主義的な教員たちを一つにまとめるのは至難だった。

たとえば、授業のシフトである。そもそも国際経営専攻とプロフェッショナルコースが一緒になったのも、フルタイムＭＢＡという「小さな池」ではなく、パートタイムＭＢＡという「大きな池」をめざすことが大目的だったはずである。

働きながら学べるというパートタイムＭＢＡを充実させ、志願者を増やすというのが統合の狙いだった。

しかし、それまで昼間に授業やゼミを担当していた教員に、夜間にシフトしてほしいとお願いしても色よい返事がもらえない。フルタイムＭＢＡに対するこだわりを主張する教員もいたが、「これまでの生活パターンを変えたくないから嫌だ」と明確に言う教員もいた。

そんな状況のなかで、私はまず自分自身が夜間にシフトすることを決めた。国際経営専攻のなかでも、受験者の減少に最も苦しんでいたのがＭＯＴ（技術経営）コースだった。私はＭＯＴコースを夜間にシフトさせ、私もＭＢＡからＭＯＴに移ると宣言した。私はＭＯＴの教員ではなかったが、ＭＯＴが生き残る道は夜間シフトしかないと信じていたので、まずは自分が移ろうと決めた。

それをみて、協力してくれる教員も出てきた。ゼミを夜間に移したり、夜間の授業を担当してもいいよと言ってくれる教員もいた。しかし、なかには一切協力してくれない教員も少なからずいた。

会議の内容を変え、イントロダクション合宿もスタート

私は仕組みの改革にも取り組んだ。大学は私の想像以上に会議だらけだった。会議のある日には、ビジネススクールの責任者として朝から夕方まで五つや六つもの会議に出席しなければならなかった。しかも、それぞれの議題はほぼダブっていて、手続きを踏むためだけの会議が連続した。

本来なら、会議そのものをなくしてしまうことが最も合理的だが、それぞれの会議は組織の意思決定上、必要なものであるという過去の理屈の上で設定されているので、組織のあり方、権限規定など運営全体を見直さなければ、会議を省略するということはできなかった。

そこで私は会議の「内容」を変えることにした。会議の議題は信じられないほど多かった。こんなものまで会議で報告したり、諮《はか》る必要があるのかと思うような項目が山ほどあった。

私は会議の運営を取り仕切ってくれる事務所の人たちに協力してもらい、会議に諮る項目を大幅に削減し、会議時間の短縮をめざした。会議時間が短くなるのは教員たちにとってもメリットのはずだが、なかには会議での報告を省略したどうでもいいような事項を取り上げ、「どうしてこんな大事な事項を報告しないんだ？」と文句をつけてくる教員もいた。

ＷＢＳの認知度を高めるための施策にも力を入れた。国際経営専攻とプロフェッショナルコースが統合し、新生ＷＢＳが誕生したが、それがどのようなビジネススクールなのかを世に知らしめる必要があった。

そこで、「WBSフェア」というイベントを企画し、夏休みに実施した。WBSが開設している複数のプログラムがどのように違うのか、それぞれの特徴を説明したり、看板教授による模擬講義を行なったりした。

このイベントは大好評で、多いときには五〇〇人近くが来場した。実際に、「『WBSフェア』に来て、WBSの受験を決めた」という社会人が増えていった。

新学期が始まる直前に、新入生たちを対象とした一泊二日の「イントロダクション合宿」もスタートさせた。新入生がビジネススクールでの生活にスムーズに入れるように、学生たちが親睦を深め、ケーススタディなどに慣れてもらうことが目的だった。逗子の湘南国際村で行なったが、学生たちには大好評だった。

ゼミの定員制度は「学生軽視」と言われても仕方ない

こうした改革を進める一方で、教員が絡む課題にはとても手を焼いた。たとえば、ゼミ配属である。WBSは卒業要件として論文執筆を課しており、学生は指導教員を選び、どこかのゼミに属さなければならない。

WBSには知名度の高い人気教授も多く、そのゼミに入りたくてWBSを志願する学生も多い。しかし、学生の希望どおりにゼミ配属を決めてしまったら、人気のある教員に学生が集中し、ゼミ志願者がゼロの教員が出てきてしまう。そうした事態にならないように、ゼミに「定員」を設け、学生のゼミ配属が分散するようにしている。

しかし、これは学生軽視と言われても仕方がない愚挙だと私は思っている。学生には自分が望むゼミに入る権利があるはずだ。自ら志望し、選択した教員について指導を受けることが、学生にとっての励み、コミットメントにもつながる。

そうした学生の気持ちを脇に置き、ゼミ志願者がゼロの教員を出さないために「定員」を設ける。これでは学生目線ではなく、教員目線のルールだと言われても仕方がない。

私は「定員」というルールにずっと反対だった。学生は「お客さま」であり、その期待に応えるのが教員の仕事だと思っている。学生が私のゼミで学びたいと本気で思うなら、「定員」など関係なく受け入れるべきだと思っていた。

「定員を決めなければ、学生が殺到するゼミが出てくる。そうなったら、効果的な指導もできないではないか」と指摘する教員もいた。しかし、もしそんな事態が起きれば、学生たちは自分で判断し、軌道修正するだろう。

いくら人気のゼミでも人数が多すぎて、満足な指導を受けられそうもないと思えば、他のゼミを検討する学生が必ず出てくる。「定員」などという教員目線のルールなどなくても、分散・平準化は進むはずである。

世界のトップスクールは学生を「お客さま」と捉え、学校のブランドを高めるための「商品」と位置づけている。しかし、日本のビジネススクールのほとんどはその意識がきわめて稀薄である。

なかには指導らしい指導をしない教員も

ゼミの「定員」問題の根っこにあるのは、教員の質のバラツキである。実はゼミの「定員」を定めても、ゼミ志願者がゼロの教員が存在する。学生の分散を意図したにもかかわらず、誰も志願しない教員は依然として存在するのだ。これでは「定員」を定めた意味がない。

もちろんこうした教員は一部である。しかし、こうした一部の教員の存在がビジネススクール全体の評価を押し上げる大きな妨げになっている。

たとえば、ゼミにおける指導である。すでに述べたように、私は論文執筆は日本のビジネススクールにおいて学生たちを鍛えるとてもよいメソッドだと思っている。実際、私は相当な時間とエネルギーを使って、論文指導を行なってきた。

私は退任するまでの数年間、入山章栄先生に論文の副査をお願いしてきた。論文審査は主査である担当教員と副査の二人で行なう。私も入山ゼミの副査を担当した。入山先生も熱心に論文指導を行ない、入山ゼミの学生たちの論文を読むのは、私にとっても楽しみだった。

審査は公開審査会と呼ばれる場で行なわれる。学生たちは自分の論文の骨子をプレゼンし、主査、副査からの質問に答える。学生たちにとっては「晴れの舞台」だ。両ゼミの学生たちだけでなく、他のゼミに属する学生たちも集まり、審査会は緊張感と高揚感で大いに盛り上がった。

しかし、残念ながらこうした審査会ばかりではない。学生たちは「重箱の隅っこをつつくように学生をネチネチといびるような教員も多い」と不満を口にした。

実際、論文執筆のプロセスで指導らしい指導をほとんどしない教員がいたり、担当ゼミ生であるにもかかわらず公開審査会の直前までその論文を読んでいない教員がいるという話も聞いた。こんな教員を放置したまま、ゼミ配属の「定員」だけを定めても、志願する学生がいるはずはない。

学生たちは「あの先生は有名だから」とゼミを決めるほど安易ではない。彼らの多くは十年以上の実務経験をもつ立派な社会人である。熱心に指導してくれる教員であれば、知名度の有無にかかわらず、学生のあいだで評判は自然と高まり、人気ゼミになるはずだ。人気のない教員ほど努力を怠っている。

残念なことだが、なかにはとんでもない教員もいる。WBSでは二〇一五年に、教え子三人の修士論文の内容を盗用して論文を書いたとして、専任教員が停職処分を受ける不祥事が起きた。学生に指導すべき教員が、あろうことか学生の論文を盗用し、自らの成果であるかのように論文を発表する。前代未聞の出来事である。

専門職大学院としてのビジネススクールは「経営のプロ」「次世代ビジネスリーダー」を育成するために生まれた。そのやり方は画一的である必要はない。それぞれの教員は自らの方針、知見、経験に基づいて、自分なりのやり方で学生を指導すればいい。

しかし、そもそも学生たちを指導するパッションがない教員がいてはならない。教員の意識とレベルが上がらなければ、日本のビジネススクールの発展はありえない。

４．世界から取り残された国際認証取得

日本で国際認証を取得しているのは二校だけ

世界にはビジネススクールを評価・認証し、教育品質を保証する「アクレディテーション機関」が複数存在する。最も有名なのは、前述した米国のＡＡＣＳＢだ。世界四八カ国で七二七校（二〇一五年四月一日時点）のビジネススクールが認証を取得している。

ほかにもベルギーに本拠があるＥＦＭＤ（European Foundation for Management Development）が行なっているＥＱＵＩＳ（European Quality Improvement System）、英国に本部を置くＡＭＢＡ（The Association of MBAs）などの認証機関が存在する。ＡＡＣＳＢ、ＥＱＵＩＳ、ＡＭＢＡが世界の三大認証機関と呼ばれ、これらの認証を取得することは「世界的に認められたビジネススクールの証」であることを意味している。

日本のビジネススクールで国際認証を取得しているのは、ＫＢＳと名古屋商科大学のみだ。ＫＢＳは二〇〇〇年にＡＡＣＳＢ、二〇一一年にＥＱＵＩＳの認証を取得している。

名古屋商科大学は二〇〇六年にAACSB、二〇〇九年にAMBAの認証を取得している。

他の主要ビジネススクールも国際認証取得に向かっている。WBSはAACSBの取得に向けて動き出しており、一橋大学もAACSB取得をめざすと言われている[20]。

世界的なビジネススクールとして認知されるためには、国際認証取得は必要だが、認証取得がトップスクールであることを意味するわけではない。現実に、米国のほとんどのビジネススクールは国際認証を取得しており、教育品質を担保する最低限のラインである。

コストをかけて取得してもメリットは少ない

日本のビジネススクールの多くが国際認証取得に大きな関心を示さないのには、それなりの理由がある。取得のための労力に対してメリットが少ないからである。

国際認証をとろうと思えば、膨大な審査書類を英語で準備し、審査のためのインタビューや実地検査を受けなければならない。取得後も、数年ごとに維持のための審査を受ける必要がある。そのための事務作業やコストは決して小さくない。

国内のMBA希望者を対象に、日本語でプログラムを提供しているビジネススクールにとっては、国際認証を取得したからといって受験者が殺到するわけではない。

実際、AACSBとAMBAの二つの国際認証を取得している名古屋商科大学は、一三五人の募集人員に対し、受験者一九〇人、合格者一八一人である。国際認証取得をアピールしてそれなりの受験者は集めているが、ほぼ全入の状況である。

しかも国内のビジネススクールは、大学基準協会など国内の第三者認証評価機関による認証を受けなければならない。これも数年に一度は継続審査が必要である。日本人相手に日本語で教育を実施しているのであれば、それで十分と考えるのも一つの割り切り方だ。

しかし、留学生を中心に英語のプログラムを開設したり、海外のビジネススクールとのダブルディグリー・プログラムなどを展開する大学にとっては、さすがに国際認証を無視するわけにはいかなくなっている。そこで遅ればせながら認証取得に動き出しているのだ。WBSもその一つである。

国際認証取得を変革の「外圧」として活用する

私はWBSのプログラムディレクターとして国際認証を取得する方向へと舵を切った。

それまでにもAACSBに関する議論は教授会で行なわれていたが、否定的な意見が大勢だった。

AACSBやEQUISに関する情報収集を始め、経営分野の専門職大学院の認証評価機関であるABEST21（The Alliance on Business Education and Scholarship for Tomorrow, a 21st. Century Organization）を通じて、EQUISの認証取得についての検討も行なった。

中国・杭州で行なわれたアジア・太平洋地域の有力ビジネススクールの責任者の会合にも顔を出し、情報交換を行なった。中国、韓国、東南アジアのビジネススクールが世界のなかで存在感を示そうとしていることを肌で感じた。

国際認証を取得する目的は、「世界的に認められるビジネススクールになる」ことだと一般的には思われている。もちろんそれは一つの目的だが、私には異なる思惑、狙いがあった。

国際認証を取得するプロセスで、WBSのさまざまな問題点を露見させ、教員や大学本部が改善、改革をせざるをえなくなるところへ追い込むのが重要だと考えたのだ。

国際認証取得を「錦の御旗《みはた》」として掲げ、「外圧」として使う。そうでもしなければ、変えられない問題が山積していた。

授業の品質管理、施設面での不備、ライブラリーの充実度、学生の就職支援など世界的なビジネススクールと比較すれば、見劣りし、改善しなければならない点が数多くある。それらを学内でいくら指摘しても、簡単には認められず、一向に改善は進まない。

ならば、第三者が客観的な視点で、問題点を指摘し、改善を促すことが必要だ。早稲田の常識は、世界の非常識。ＷＢＳの常識は、世界のビジネススクールの非常識。そうした問題点を焙《あぶ》り出し、一歩一歩改善することが、ＷＢＳ全体の品質向上につながるはずだと考えた。

いまさら言うまでもなく、ビジネスは地域・国境を越えてグローバル化が進み、目まぐるしく変化している。そのビジネスを教えるビジネススクールが変化を拒んでいたら、ビジネススクールの存在価値などない。

ＷＢＳなど国内のビジネススクールの国際認証取得は周回遅れの状況にある。たんに「追いつく」だけの国際認証取得であれば、日本のビジネススクールは埋没したままである。

日本のビジネススクールは「追いつく」のではなく、「際立つ」ことをめざさなければならない。世界のビジネススクールが注目し、追随するようなユニークで独自性の高いカリキュラムや教育メソッドを生み出し、世界に範を示す。そうした高い志がなければ、日本のビジネススクールが世界で存在感を示すことは難しい。

第5章　ＭＢＡの代わりにいますぐ勉強すべきこと

1. プロフェッショナルをめざす人にとってのＭＢＡ

ＭＢＡ本のほとんどは、薄っぺらで底が浅い

ここまでの章で、日本のビジネススクールの実態を検証し、日本のＭＢＡには大きな価値がないという現実をみてきた。

ならば、どうすればＭＢＡに頼らずに、真の力をつけることができるのか。本章では、私の実践例も含め、ビジネスパーソンとして着実に力をつけるための勉強法について考えてみたい。

巷《ちまた》には「ＭＢＡ」をタイトルに冠したビジネス書が溢れ返っている。勉強意欲のあるビジネスパーソンならその類《たぐい》の本の一冊くらいは読んだことがあるだろう。かくいう私もそうした本を執筆しているので、ＭＢＡを否定することは天に唾《つば》するようなものかもしれない。

しかし、それらの本の内容のほとんどは、経営理論のエッセンスだけを紹介したり、分

析のテクニックやフレームワークを紹介するにとどまっている。実に薄っぺらで、底が浅い。正直、こんな類の本を何十冊読もうが、未来をつくるビジネスリーダーには絶対になれない。

ビジネスパーソンとして力をつけようと思えば、日々鍛錬をしつづけなければならない。経営に関する勉強も必要だ。しかし、ＭＢＡが冠された本を読むことが勉強ではない。

真に力がある人は、物事を「深く考える」ことができる。全体を掴み、流れを読み、本質を見抜く。そして、そこから自分なりの最適解を導き出す。

世の中には、明晰な頭脳、類稀《たぐいまれ》な才能をもつ人がいる。しかし、私のような凡庸な人間が力をつけるためには、「筋トレ」をコツコツと続けるしかない。才能が凡庸なら、努力を非凡にするしかない。

そもそも、勉強とは目的ではない。勉強は力をつけるための手段にすぎない。何のために勉強するのかという目的が明確でなければ、何をどのように勉強すればよいのかはみえてこない。目的のない勉強ほど無意味で無価値なものはない。

自分はどのようなビジネスキャリアをめざすのか。仕事における自分のゴールは何なのか。目的がみえれば、自分は何をすべきか、何を学ぶべきなのかもみえてくるはずだ。

プロフェッショナルにとっては個の「市場価値」がすべて

ビジネスキャリアにおける目的、ゴールは人によってさまざまだろう。一般企業に勤めている人であれば、社長をめざすという人もいれば、役員にはなりたいと思っている人もいるだろう。出世にはたいして興味はなく、人並みでいいという人もいるだろう。

近年では、私のように一般企業を退職して、経営コンサルタントをめざすとか、グローバルに展開する外資系企業で活躍する、さらには会社の再建、再生のプロとして複数の会社を渡り歩く「プロ経営者」をめざすという選択肢もある。

経営コンサルタントや外資系企業で活躍する人、「プロ経営者」と呼ばれる人たちにはMBA取得者が比較的多い。そうした人たちが活躍する姿をみて、「仕事ができる人間になるにはMBAが必要だ」と勘違いし、ビジネススクールに入学する人もいるだろう。

しかし、ここで正しく認識しなければならないのは、経営コンサルタントや外資系企業でキャリアを積む人、「経営のプロ」と呼ばれる人たちの生き方は、一般の日本企業に勤めるビジネスパーソンとは明らかに異なるということである。

彼らは一言で言えば「プロフェッショナル」をめざしている。組織に頼ることなく、自分の力で生きていく道を選択した人たちだ。定年まで勤められる保証などなく、力があればのし上がっていくが、力がなければ去っていくしかない。

外資系コンサルティング会社では、「Up or Out」と呼ばれる。「実績を残した人間は昇進する。残せなかった人間は去るのみ」という厳格な掟《おきて》のなかで生きていく世界である。

私自身、三十二歳で大企業を退職し、経営コンサルタントの道を志したとき、「もう頼るべき組織はない。自分の腕一本で生きていくしかない」と覚悟を決めた。

「経営のプロ」も同様である。苦境に陥っている会社に単身乗り込み、やるべきことを明確にし、ただちに実行して成果を上げる。期待された成果が出せなければ、即退陣である。自分の腕一本で生きていく。それがプロフェッショナルである。

外資系企業はそこまで厳しくはないが、実力主義は徹底している。実績を積み、より高いポストと報酬を求め転職を繰り返し、キャリアアップするのは当たり前である。

プロフェッショナルにとっては個の「市場価値」がすべてである。さまざまな会社から声がかかるほど自分自身を魅力的な価値へと高める。そのためには自己研鑽を怠らず、その価値を自分自身で磨きつづけなければならない。

そうした人たちにとって、MBAはそれなりのメリットがある。ビジネススクールで採まれ、生き残ったという実績、英語に堪能で、異文化コミュニケーションにも長《た》けているなどは、自分をアピールする好材料であり、採用面接の際の加点要素であるのは間違いない。

世界が認めるトップスクールでなければ「市場価値」はない

プロフェッショナルをめざすうえでMBAに価値があるからといって、どの学校のMBAでもいいわけではない。ストレートに言ってしまえば、世界が認めるトップスクールのMBAでなければ、ほとんど市場価値はない。

より具体的に言えば、世界ランキングのトップ20もしくはトップ30にランクインするようなビジネススクールのMBAであれば、チャンスは高まる。だから、プロフェッショナルをめざし、MBA取得によって自分の人生を切り拓こうとするなら、海外のトップスクールをめざすべきである。

「狭き門」をくぐり抜け、熾烈な競争に打ち克《か》ち、落第することもなく、トップスクールを卒業すれば、それ自体が一つの実力と可能性を証明している。また、高額の授業料を払ってまで海外のトップスクールに飛び込むことが、意思の強さ、本気さを表していることにもなる。

しかし、海外でＭＢＡを取得しようとする日本人の数は年々減少している。人材紹介会社アクシアムの調査によると、二〇一四年にＭＢＡ取得のために海外留学した日本人の数は三二三人であり、調査を開始した一九九九年以来最少である。

アジア勢では中国や韓国からの留学生が圧倒的に目立つ。日本人留学生は稀少であり、逆に存在感を示すチャンスでもある。

海外留学しようとすれば、生活費も含め二〇〇〇万円くらいはかかると言われている。躊躇《ちゅうちょ》してしまうほどの大金であるのは事実だが、野心溢れる世界の若者たちは借金してでも果敢に挑戦している。それによって得るものも大きい。

それに対し、国内のＭＢＡはプロフェッショナルをめざすうえでは、ほとんど価値がないと言わざるをえない。多くの人は「海外は無理だから国内」と考えるが、国内のＭＢＡは海外トップスクールのＭＢＡの代替にはなりえない。ほぼ全入全卒の甘い、緩い、ぬるいＭＢＡを取得したからといって、市場価値が高まるはずがない。

国内ビジネススクールなら「ダブルディグリー」が狙い目

国内のビジネススクールで価値があるとすれば、ＫＢＳやＷＢＳが行なっているダブルディグリー・プログラムだろう。これは提携している海外のビジネススクールに一定期間留学し、二つの学校で単位を取得し、二つの大学から学位を取得するというプログラムである。

ＫＢＳはフランスのトップスクールであるＥＳＳＥＣ、ＨＥＣ、そしてドイツのＷＨＵとダブルディグリー・プログラムを開設している。そしてＷＢＳはシンガポールの南洋理工大学、フランスの名門ＥＳＣＰと同様のプログラムを開設している。国内のビジネススクールではあるが、相手校に留学し、単位を取得するので、国際性を磨き、異文化コミュニケーション力を高めることができる。

海外のトップスクールやダブルディグリー・プログラムへの入学が難しい人は、日本のビジネススクールに入学後、せめて海外の提携校への短期留学はめざすべきだ。ＫＢＳやＷＢＳなどの国内のトップスクールであれば、それぞれの大学が提携している海外のビジネススクールに短期留学することは可能である。短期とはいえ、海外で武者修行を積むことは刺激的な経験になるはずだ。

先に紹介した、WBSの遠藤ゼミを卒業し外資系コンサルティング会社に転職したA君と外資系企業に転職したBさんは、いずれも在学中に短期留学をしている。A君はリヨン大学（フランス）で、Bさんはボッコーニ大学（イタリア）で学び、国際感覚を磨く経験を積んでいる。

プロフェッショナルをめざすのであれば、高いハードルを自ら設定して、自らの力で乗り越えなければならない。他の人たちと同じことをしていたのでは、「市場価値」を高めることは絶対にできない。

2．ジェネラルマネジャーをめざす人にとってのMBA

組織人はすべからくジェネラルマネジャーをめざせ

日本でもプロフェッショナルをめざそうとする人は間違いなく増えている。しかし、全体でみれば、そうしたキャリアを志向する人はあくまでも少数派だ。

ビジネスパーソンの大半の人たちは、個の力で生きていく道ではなく、組織のなかで力を発揮し、自己実現する道を選ぶ。

個の力で生きていくというのは、一見かっこよく聞こえるかもしれないが、安定は期待できないハイリスク・ハイリターンのキャリアである。また、プロフェッショナルとしてインパクトを与えることはできても、社会を変えるような大きな仕事はできない。それに対し、大半のビジネスパーソンは組織に属し、組織のなかで力を発揮し、存在感を示す道を選択する。

組織の力は偉大である。組織に属する人たちの力を束ね、個では決してできない大きな仕事を実現するのが、組織人の醍醐味《だいごみ》だ。

組織人として野心をもっている人たちにとってのゴールは、ジェネラルマネジャーになることだ。会社全体や部門の運営に責任をもち、組織の力を最大限に引き出し、成功に導く役割を担うのが、ジェネラルマネジャーの仕事である。

ジェネラルマネジャーは社長、CEOだけではない。部門責任を担う役員や事業部長もジェネラルマネジャーだ。組織に属するビジネスパーソンは、事業や部門の成長、発展をリードし、実現するジェネラルマネジャーこそをめざすべきである。

なぜ石に齧りついてでも社内で出世すべきなのか

遠藤ゼミの卒業生の多くは、それなりに大きな組織に属し、ジェネラルマネジャーをめざす人たちだ。私は彼らに「石に齧りついてでも、出世しろ」と檄《げき》を飛ばしている。

出世至上主義で、出世しろと言っているのではない。出世して、ジェネラルマネジャーのポストに就けば、権限を手に入れることができる。組織のなかで大きな仕事をしようと思えば、絶対に権限が必要だ。だから、出世にこだわり、早く出世することが大事なのだ。

なかには「私は出世するために働いているのではない」と綺麗事を言う人もいる。そういう人にかぎって、実につまらないことで上司と諍《いさか》いを起こし、上司に煙たがられる。そして、出世の道を閉ざしてしまう。

遠藤ゼミのある卒業生と久しぶりに会ったとき、彼が「上司と合わなくて、苦労しています」と嘆いていた。課長である彼と、その上司である部長がそりが合わず、うまくいっていないようだった。

詳しい事情はわからないが、私は「部長に気に入られろとは言わない。でも、部長に嫌われたらおしまいだぞ。我慢するところは我慢しろ」と助言した。彼はやる気も能力もある有望な課長だ。しかし、ときにストレートに自己表現するきらいがある。

部長におもねる必要はないが、意見が対立するときには、押したり引いたりも必要だ。部長が何を考え、何をしようとしているのか。上司の意向を理解せずに、自分の主張だけをぶつけても、事は進まない。

私はこれまでに数え切れないほどのミドルたちと接してきたが、仕事に関する能力という観点でみれば、それほど大きな差があるわけではない。なかには飛び抜けた才能をもつ人もいたが、それはほんの一握りだ。

能力的には大差ないにもかかわらず、ある人は役員に出世し、ある人は部長止まりで終わってしまう。それが現実だ。

私は一般企業に勤めるビジネスパーソンにとって、役員に昇格できるか否かはきわめて重要なことだと思っている。ビジネスパーソンを「究める」とは、役員に昇格し、一つの事業や分野を任されるジェネラルマネジャーとなり、思う存分力を発揮することである。

それを上司とのつまらない諍いで無為にしてしまったのでは、元も子もない。だから私は「石に齧りついてでも、出世にこだわれ」と言うのだ。組織人に「市場価値」は意味がない。大事なのは「社内価値」なのである。

大事な三十代でMBAを取得するのは「機会損失」だ

では、どうすれば早く出世することができるのか。残念ながら、「こうすれば出世できる」などという方程式があるわけではない。ましてや、ビジネススクールでその術《すべ》を教えてくれるわけでもない。

しかし、間違いなく言えるのは、出世する人はバランス感覚に優れているということだ。個として仕事ができるからといって、その人が必ず出世し、成功するわけではない。

組織が大きくなればなるほど、個人でできることには自ずと限界がある。組織の力を最大限に引き出し、結果を出すことができる人こそが、ジェネラルマネジャーにふさわしい人材ということになる。

だから、ミンツバーグは「マネジメントの成功は、アートとクラフトとサイエンスがそろったときに生まれる」と主張するのだ。サイエンスだけが長けていても、ジェネラルマネジャーとしての成功は覚束ない。

サイエンス一辺倒のビジネススクールでいくら学んでも、アートとクラフトが磨かれるわけではない。しかも、ビジネススクールで教えるサイエンスは表層的で、薄っぺらだ。分析過剰、頭でっかちの「分析屋」「管理屋」になってしまっては、人は誰もついてこない。

これまで再三主張したように、現在のMBAプログラムの限界がここにある。たとえMBAを取得しても、それはジェネラルマネジャーとして必要な、ほんのわずかな知識やスキルを身につけたにすぎないのだ。

三十代はビジネスキャリアにおいて最も重要な時期だ。このステージでどのような経験をするかが、将来、ジェネラルマネジャーになりうるかどうかの大きな分岐点になる。三十代のすごし方が、後々の人生を決めると言っても過言ではない。

その貴重な三十代に、MBAを取得するために時間とエネルギーを浪費するのは、大きな機会損失である。「MBAでもとるか」と安易にビジネススクールに通っても、残念ながらその見返りは小さい。

その時間とエネルギーを企業の実践の場で使い、泥まみれになりながら、もがき、悩み、苦しむ。三十代でこそ、そうした泥臭い経験を積むべきだ。

人や組織を動かすことの難しさ。思いどおりにいかないときの焦りと苦悩。こうした「修羅場体験」こそが、人が「一皮剝《む》ける」瞬間である。アートやクラフトはこうした泥臭い経験を通じて磨くしかない。

教育と実践を一貫化させることでリーダーは育つ

ＷＢＳの遠藤ゼミの卒業生で、大手サービス業からの企業派遣でＷＢＳに入学し、ＭＢＡを取得した人がいる。彼は卒業と同時に、グループ内の小さな子会社に取締役として出向した。

彼はまだ三十代なので、子会社とはいえ取締役という立場で出向するのは異例である。その子会社の社長は親会社の役員が兼務しているので、実質的な責任者は彼であった。

この経験は彼にとって、とても貴重なものとなった。小さい会社とはいえ、取締役として経営全体を俯瞰《ふかん》し、業績を改善するために知恵を絞り、さらにその実現のために自ら動き回った。ＭＢＡを取得したあとに就くべきポストとしては、最適である。

しかし、これは企業派遣だからこそできることでもある。ビジネススクールへの派遣を、中長期的な人材育成計画のなかで行なう。人事異動と連動させ、教育と実践を一貫化させることによって次世代リーダーは育つ。

知識を詰め込み、頭でっかちになったMBA取得者にそれなりのポストを任せ、目の前の現実を直視させ、泥まみれにさせる。彼にとってまさに「一皮剝ける」体験となったのは間違いない。

日本の大企業では、子会社、グループ会社の社長、役員というポストは、これまで「受け皿」として使われることが多かった。しかし、時代は大きく変わりつつある。

MBA取得者にかぎらず、三十代という血気盛んなときにこそ、子会社、グループ会社の主要ポストに就け、経営とは何かを実践で学ばせることこそが「実践版ビジネススクール」にほかならない。

EMBAやAMPで世界を知ることには意義がある

私は一般の日本企業でジェネラルマネジャーをめざすのであれば、MBAなどいらないと思っている。MBAが優秀なジェネラルマネジャーを育てるプログラムであれば、MB

Aを否定はしない。しかし、残念ながら現在のMBAは、その水準にはまったく達していない。

もし、ジェネラルマネジャーの育成にMBAが貢献しうるとするなら、それは前述したEMBAもしくはAMP（Advanced Management Program）だろう。三十代で実績を残し、部長クラスや役員に昇進した人、もしくは役員を見据えた人たちを対象にしたプログラムがEMBAである。

AMPはさらに上位の役員層を対象にしている。ハーバードやシカゴ大が一九四〇年代に導入したのが始まりであり、米国では役員教育プログラムの一つとして認知されている。経営の中枢で経営者として力を発揮することを期待されている人たちが集うのがEMBAやAMPである。業界を越えたさまざまな企業の幹部候補生や役員たちが、ある期間、同じ釜の飯を食い、より高くより広い視点で企業経営を論じることはとても意味がある。

彼らに必要なのは、経営に関する知識やテクニック、スキルではない。世の中の潮流を読み取り、自社を客観的な視点で捉え、未来に向けていま何を考え、何をなすべきかを見つめ直すことである。自社の役員同士だけで議論していたのでは得ることができない異質の視点や洞察力を磨くことができる。

先に述べたように、海外のビジネススクールはＥＭＢＡに力を入れているが、日本での実績はまだまだ小さい。ＡＭＰとして定評があるのも、ハーバードやスタンフォードといった海外のトップスクールである。

なかでも海外トップスクールのＡＭＰは、世界の一流企業のエグゼクティブが集うネットワーキングの場として評価が高い。私が懇意にしている日本企業の経営トップのなかにも、海外トップスクールのＡＭＰに参加した人が何人もいるが、彼らは異口同音にＡＭＰを高く評価している。世界の経営者が何を考え、何をしようとしているのかを肌で感じるとても貴重な時間だったと語っているのだ。

日本企業は世界で戦っている。ビジネススクールは「世界を知る」「世界を感じる」場でなくてはならない。

3．目の前の仕事に「のめり込む」ことが大事

直接経験こそがリーダーを育む

それでは、二十代後半から三十代のビジネスパーソンがＭＢＡプログラムに頼らずに、真の力をつけるためにはどうしたらよいのだろうか。

その大前提となるのが、「真の力は仕事を通じてしか身につかない」ということだ。どれほど経営書やビジネス書を読み漁《あさ》って勉強しようが、それで力がつくことはありえない。

ミンツバーグは前掲書のなかで、哲学者アルフレッド・ノース・ホワイトヘッドの言葉を引用している。

　お勉強で学んだ世界が陳腐なのは、直接経験したことではないからだ。

知識とは、他人が経験したことを間接的に学ぶことにすぎない。知識が直接経験の代替になることはありえない。

ビジネスリーダーはＭＢＡプログラムから生まれるのではない。直接経験こそがビジネスリーダーを育む唯一の道だ。

直接経験といっても、漫然と仕事をしていたのでは、力がつくはずもない。なにより大事なのは、目の前の仕事に「のめり込む」ことだ。自分に課せられた仕事に没頭し、執着する。自分に与えられた任務に一心不乱に取り組み、高いレベルで遂行することがなにより大事だ。

こういうことを言うと、必ず出てくるのが「自分はやりがいのある仕事をさせてもらっていない」という反論だ。自分のことは棚に上げ、与えられた仕事にばかり文句をつける人が実に多い。

仕事は多種多様だ。戦略立案のような企画的な仕事もあるし、ルーチン的な反復業務もある。若いときは、経営企画部や事業戦略部のような、一見頭脳を使うような仕事に対する憧れもあるだろう。とくにＭＢＡを志向するような人は、企画とか戦略という言葉に弱い傾向がある。

しかし、企業の屋台骨はオペレーション、わかりやすく言えば現場だ。日々のルーチン業務を確実、効率的に遂行することによって、企業は価値を創造している。

一見地味だが、このオペレーションこそが人を鍛え、力をつけるための絶好の場だ。反復のようにみえるルーチン業務は、日々変化し、毎日大小さまざまな問題が発生する。そのなかで問題をみつけ、知恵を絞り、創意工夫しながら、問題を解決する術を身につける。仕事の質にこだわり、のめり込んでいく地道な努力こそが、ビジネスパーソンとして力をつける絶好の場だ。

「自分は現場でつまらない仕事しかさせてもらっていない」と腐る前に、「自分は目の前の仕事に本気でのめり込んでいるだろうか？」と自問自答する姿勢が大事だ。

仕事ができる人は、どんな仕事も自分で面白くする工夫をし、楽しむことができる。一方、仕事ができない人は、仕事を面白くしようとする努力をしていない。仕事に面白い、面白くないなどない。面白くできる人と面白くできない人がいるだけだ。

のめり込んで「最も活躍したコンサルタント」に

「のめり込む」ことの大事さを、私自身体験している。BCGに転職し、駆け出しの経営コンサルタントとしてのキャリアを歩みはじめたころの話だ。

当時、私は外資系のクライアントから発注される比較的小さなプロジェクトばかりを担当した。期間は一～二カ月程度。金融機関や製薬業界など私が門外漢の業界の仕事ばかりだった。

作成する資料もプレゼンももちろん英語。予算が少ないので、プロジェクトメンバーは私だけ。プロジェクトマネジャーが片手間で面倒をみてくれる程度だった。

私と同時期に中途入社したコンサルタントたちは、ＢＣＧのメンバーだけで七～八人いるような日本の大企業の変革プロジェクト、成長戦略プロジェクトに配属され、意気揚々と仕事をしていた。それに対し、私の仕事は地味で注目度も低かった。

私が小さなプロジェクトばかり担当していたのには、理由がある。私自身、スタッフィング（プロジェクトの配属メンバーを決めること）担当のオフィサーに、「どんなプロジェクトでもやります」と伝えていたのだ。

日本企業相手の大型プロジェクトには誰もが関わりたい。私自身ももちろんやってみたいと思っていた。

しかし、コンサルタントとしての基礎がまだできていない私にとっては、どんなプロジェクトでも勉強になる。小さなプロジェクトであれば、データ分析、外部インタビュー、ストーリー設計、スライドの作成、そしてクライアントに対するプレゼンなど、ひと通りの仕事を経験することができる。

いきなり大型のプロジェクトに関わるより、小粒のプロジェクトの数をこなすことで力をつけるほうが、自分のためになると考えていた。だから、「わがままは言わずに、どんなプロジェクトでものめり込んでやろう」と決めていた。

実際、私はこうしたプロジェクトで目の前の仕事にのめり込み、コンサルタントとしての土台をつくっていった。データ分析からメッセージを抽出したり、インタビューを通じて得たファクトをもとにロジックを組み立てていくというコンサルタントの基礎を、これらのプロジェクトによって身につけていったのだ。

一年後、私は「最も活躍したコンサルタント」の一人として表彰された。花形の企業変革プロジェクトに配属された同期入社のコンサルタントたちは伸び悩んでいた。上司であるオフィサーの人たちが、私の仕事ぶりをみてくれていたことが嬉しかった。「コンサルタントとしてやっていけるかもしれない」という自信らしきものを得たのは、このときだった。

のめり込めば、何を勉強すべきかがみえてくる

目の前の仕事にのめり込めば、問題意識が生まれてくる。この問題意識こそが、意欲的な勉強へとつながる。

勉強のための勉強に価値はない。明確な問題意識もなくビジネススクールに入学し、与えられるままに教科書を読み、ケーススタディをこなしたところで、力がつくはずもない。

目的があるからこそ、知識は活きる。目的を明らかにすることが、勉強の効果を高める必須条件だ。

セブン&アイ・ホールディングス前会長の鈴木敏文氏は、東京出版販売（現トーハン）に勤めていた二十代のころ、出版業界の近代化が必要だと痛感し、経営において統計学と心理学が重要だと気づいた。彼はその著書『挑戦　我がロマン』（日経ビジネス人文庫）のなかでこう語っている。

夜は夜で、慶應大学や立教大学の先生を招き、統計学と心理学の講義を受ける。データの納得性を高めるためには学術的に調査する必要があり、統計学を懸命に習得した。統計学と心理学は仕事で使いこなせるようになるまで、本当に猛勉強の毎日だった。（中略）二つの視点を二十代のころに仕事を通して、理論を実践で検証しながら徹底してたたき込まれた日々は、まさに履歴書に表れない貴重な〝大学院〟だった。

鈴木氏は、前近代的、非科学的である出版業界を変革するためには、統計学や心理学をもとにした合理的なアプローチが不可欠だと感じていた。そして、その二つを徹底的に勉強した。統計学と心理学を勉強する目的が、彼のなかでは明確だった。「データ主義の経営者」と呼ばれる鈴木氏は、ビジネススクールで体系的に経営を学んだわけではない。その基礎となったのは、二十代のころの明確な目的意識に基づいた猛勉強と実践での検証だったのである。

4．遠藤流・ビジネスで勝ち残るための四つの勉強法

Ⅰ．基礎を身につける勉強

私は日本におけるＭＢＡには価値がないと思っている。しかし、それは決して勉強そのものを否定しているわけではない。次世代ビジネスリーダーをめざすのであれば、勉強を怠ってはならない。

図表5　真の力をつけるための４つの勉強法

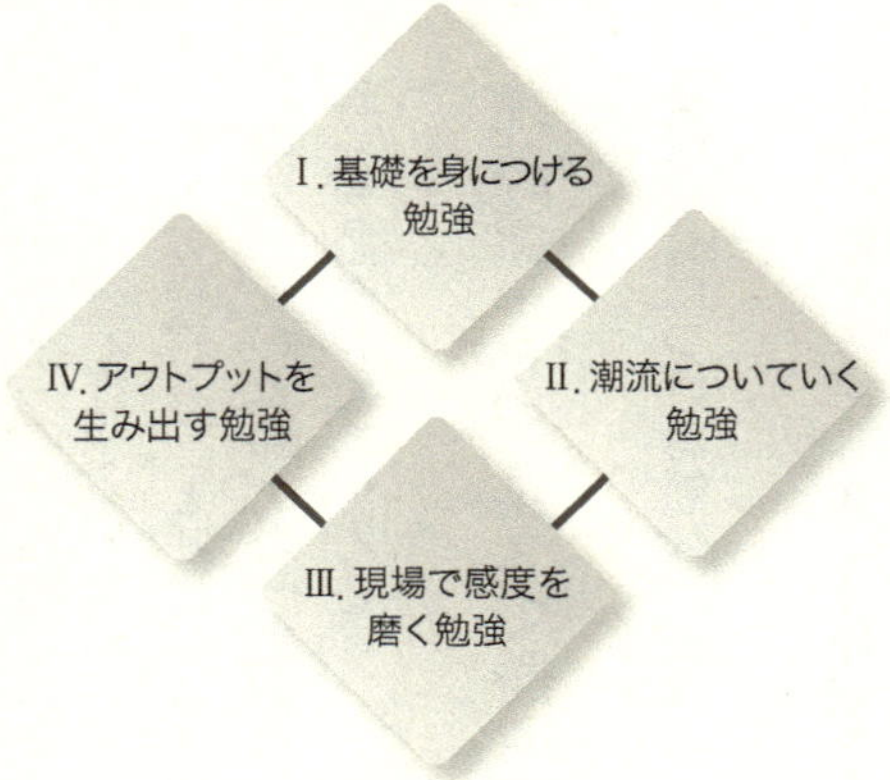

私自身も経営コンサルタントになって以来、私なりの勉強法を三十年近くコツコツと続けている。それらは四つのタイプの勉強に分けることができる。いずれも特別なことではないが、それらを組み合わせることによって私は力をつけてきたと思っている（図表５）。

一つ目は、ビジネスパーソンとしての「基礎を身につける勉強」である。経営やビジネスにおいては、「こうすれば必ず成功する」というセオリーや定説は存在しない。科学技術のような再現性は期待できないのだから、過去に起きたことをいくら学んでも、それがそのまま現在や未来の答えになるわけではない。

とはいえ、ビジネスパーソンとして押さえておかなければならない「土台」となる基本的考え方や知識はしっかりと学ぶ必要がある。基礎がしっかりしていなければ、応用は利かない。

基礎として学ぶべきものは次の三つである。

①原理原則

たとえ時代や環境が変わろうとも、経営やビジネスには普遍的な真理が存在する。何のために企業は存在するのか、企業活動とは何かなど、経営の「原理原則」をしっかりと押さえ、自分なりの思想を確立させることが重要である。

経営の原理原則を学ぶうえで有効なのは、偉大な経営者たちが残した言葉から学習することである。本田宗一郎氏（ホンダ創業者）、松下幸之助氏（パナソニック創業者）、小倉昌男氏（ヤマトホールディングス中興の祖）などの書籍には、経営の実践者だからこそ語ることができる、時代に流されることのない不変の真理がちりばめられている。

ピーター・F・ドラッカーの書籍が経営者たちに長く愛読されているのも、そこに経営の普遍的な原理原則が語られているからである。ちなみに、私の書棚にいちばん数多く並んでいるのは、ドラッカーの書籍群である。

こうした書籍には「すぐに役に立つ」ことは書かれていない。しかし「すぐに役に立つ」ということは、「すぐに役に立たなくなる」ことでもある。

経営の「原点」を示してくれる良書を丹念に繰り返し読み込むことによって、自分の「軸」が確立されていく。

②ルール

ビジネスには数多くの「ルール」が存在する。会計や法制度など、ビジネスを運営するうえでのルールをしっかりと押さえなければ、ビジネスに参加する資格すらない。細かい専門知識をもつ必要はないが、会計基準の論点がわからないとか、コーポレートガバナンスの重要性がなぜいま日本で議論されているのかを知らないのでは、ビジネスリーダーにはなりえない。

しかも、こうしたルールはグローバルスタンダード化が進展している。日本のルールは決して世界のルールではない。日本のルールを知るだけでなく、何が日本独自のルールであり、何が世界基準なのかを把握することは、未来のジェネラルマネジャーになるためにはとても重要だ。

小難しい専門書は不要だ。まずはそれぞれの分野の入門編からスタートし、何が世の中で議論されているのかをしっかり押さえておくことが肝心である。

③基本コンセプト

「基本コンセプト」とは、一般的にＭＢＡ的知識として知られている基本的な考え方、フレームワークなどのことである。競争戦略やマーケティング、組織論、人的資源管理など、経営をさまざまな切り口から一般化、コンセプト化した知識を指している。

ビジネススクールではこうした基本コンセプトを体系化し、それらをひと通り学べば、ビジネスリーダーになれると喧伝《けんでん》する。しかし、これらの知識は、しょせん経営やビジネスを理解するための「入り口」にすぎない。

基本コンセプトを学ぶことを否定はしないが、それは「基礎を学んでいる」にすぎないと自覚することが大事だ。

こうした基本コンセプトをしっかりと身につけたいと思うなら、ビジネススクールが行なっている「科目等履修生制度」を利用し、学びたいと思う科目だけを履修したり、ビジネス教育会社が開講するオープン講座を受講することもできる。

勉強のための勉強では意味がない。自分の仕事の質を高めるためにいま何を学ぶべきかを明確にし、必要な知識を貪欲に吸収することが、「土台づくり」につながる。

Ⅱ．潮流についていく勉強

ビジネスは「生き物」だ。環境や情勢は目まぐるしく変化し、移ろう。ダイナミックに変化する世の中の潮流についていくためには、日々繰り広げられているビジネスの動きに常に敏感でなくてはならない。

自分自身のアンテナを高く保ち、鮮度の高い情報や知識をいつも入れ替えていく努力を怠ってはならない。その努力がなければ、一流の経営者やエグゼクティブと会話を交わすことすらできないだろう。

私が日頃心掛けているのは、何も特別なことではない。毎朝、『日本経済新聞』を平日は最低一時間、週末には二時間近くかけて丹念に読み込む。自分の興味のあるところだけを「つまみ食い」するのではなく、一面の大きなニュースから読み込んでいく。業界や企業の話だけでなく、マクロ経済や政治、外交のトピックもしっかり押さえる。

ほとんどの人は新聞を読む際に、自分の会社や業界、専門分野に関心をもち、新しい情報を得ようとする。しかし、それだけではいつまで経っても「自分の畑」の話しかできない。

ビジネスリーダーをめざすのであれば、より広い領域にアンテナを張り巡らせ、自分にとっては異質の情報に眼を光らせることが大切だ。技術者だからこそ、マーケティングの話題に興味をもつ。金融業で働いているからこそ、製造業の品質問題に関心をもつ。こうした「畑違い」の情報こそが、新たな発想や切り口のヒントになる。

私は職業柄、株式投資をしないと決めている。いま保有しているのは、社外役員に就任している数社の株式のみだ。役員持ち株制度で、給与天引きで購入しているわずかな株数だ。

しかし、これらの株価を毎日追いかけるのはとても興味深い。私が保有する株式は、製造業、小売業、金融サービス業と多様だ。それらの個別銘柄の日々の変動をみるだけで、経済環境の変化が読み取れる。

大事なのは、全体の大きな流れを摑むことだ。ほとんどの人は「断面」をもとにした話しかしない。一方、仕事ができる人は「流れ」を踏まえて話をする。この差は歴然としている。そうなるためには、日頃から全体を摑み、流れを理解するという努力が不可欠なのである。

Ⅲ．現場で感度を磨く勉強

私にとって経営やビジネスを学ぶうえでいちばん役立っているのは、企業の現場を実際に訪ねることである。価値創造の本丸である現場にこそ、経営の神髄があると私は信じている。

私はこれまでに四〇〇カ所以上の現場を訪ね歩き、そこからきわめて多くのことを学んだ。製造業、サービス業、小売業などさまざまな現場を実際に自分の眼でみて、自分の耳で話を聴き、自分の肌で現場の息吹《いぶき》を感じてきた。教科書には書かれていない経営の実像がそこにはある。「現地現物」で学ぶ効果はきわめて大きい。

現場だからオペレーションのことしか学べないと短絡してはいけない。現場はそれぞれの会社の戦略を実行する主体であり、ビジョンを実現する場でもある。現場での取り組みを通して、その会社のビジョンや戦略は何かが透けてみえてくる。

どこの現場も似たり寄ったりだろうと決めつけてはいけない。表面的には似ていても、何かを「究めよう」とする現場の迫力やこだわりは凄まじい。

そうした違いを見抜き、その違いはどこから生まれてくるのかを考察する。現場で己の感度を磨くことは、まさに生きた経営を学ぶことである。

「外を知る」ことの価値はとてつもなく大きい。私はこれを「Open Eyes」と呼んでいる。自分の眼を見開き、外に眼を向ける。外を知るからこそ、内がみえてくる。

大事なのは、お手本となるような「非凡な現場」を訪ねることだ。「よい現場」が何を大事にし、何に取り組んでいるのか。それを知ることによって、自分なりの「物差し」をもつことができる。この「物差し」ができれば、自社の現場との違いや改善点が浮かび上がってくる。それが自分の仕事を改善する大きなヒントになりうる。

ほとんどのビジネスパーソンは自社以外の現場を訪ねる機会がないと嘆く。しかし、私に言わせれば、そうした意識や欲望が足りないからにすぎない。

本当に他社、他業界の現場から学びたいと思うなら、取引先の伝手をたどるなどあらゆる手を使って、そうした機会をつくるだろう。待っていても、機会は訪れない。機会は自らの意志でつくるのだ。

Ⅳ．アウトプットを生み出す勉強

繰り返し指摘するように、勉強には目的が必要である。勉強のための勉強では、真の力はつかない。

ビジネススクールではＭＢＡという学位を取得するために勉強する。だから、ＭＢＡを取得してしまえば、それで満足し、せっかく学んだ知識はどこかへ霧散してしまう。

本来、自分に力をつけ、仕事で活かすことが目的だったはずなのに、いつの間にか目的と手段が入れ替わってしまうのだ。

これまで述べた「基礎を身につける勉強」「潮流についていく勉強」「現場で感度を磨く勉強」は、知識や情報を吸収したり、刺激を受けるための「受信型」の勉強だ。しっかりと「土台」をつくり、堅牢《けんろう》なものにするためにはこうした勉強は必要だが、それだけで力がつくわけではない。

真の力をつけるためには、「発信型」の勉強が有効だ。「アウトプット」という具体的な成果物を意識し、自分から発信するための勉強には深さが伴う。アウトプットを明確にすることが、物事を「深く考える」訓練につながる。

アウトプットとは「出口」のことだ。勉強は「入り口」にすぎない。「出口」がみえているからこそ、どんなインプットが必要なのかを工夫し、成果に結びつく努力ができる。

私がＷＢＳの論文執筆を優れたメソッドの一つだと評価するのは、論文という「出口」が明確だからだ。自分でテーマを決め、そのテーマに関係する文献を読み、フィールドワークで生きた材料を集め、自分の頭でストーリーを考え、論文をまとめる。その過程での勉強は、たんなる「お勉強」ではなく、「出口」を意識したインプットにほかならない。

それでは、ビジネスパーソンにとってはどのようなアウトプットがありえるのだろうか。ここでは三つのアウトプットを紹介しよう。

①ビジネスプランや企画書を書く

自分が関与する仕事に直結する最も効果的なアウトプットは、自らの思いやアイデアをビジネスプランや新規事業などの企画書にまとめることだろう。自分が関わっている事業を成功に導くためにはどうしたらよいのかを常に意識し、そのための情報を収集し、勉強を続ける。

そして、自分の考えがまとまった段階で、ビジネスプランや企画書に落とし込む。それこそが「出口」であり、成果物だ。

良質なビジネスプランを作成するには、調査や分析、さらには自分のアイデアや考えをわかりやすくまとめることが不可欠だ。事業性の検証や実行計画への落とし込みも必要になる。この一連のプロセスこそが生きた勉強になる。

マザーハウス社長の山口絵理子さんは、会社を立ち上げたばかりのころ、「フジサンケイ女性起業家支援プロジェクト２００６」というコンテストに応募した。そして、一六〇〇人もの応募者のなか、みごとに最優秀賞を射止めた。これがマザーハウスの立ち上げを加速するきっかけとなった。

山口さんはコンテストに応募していちばんよかった点についてこう語っている。「このコンテストへの応募がきっかけで、自分の会社の将来像を深く考えることができた」。

ビジネスプランや起業プランの立て方を指南する本はいくらでもある。しかし、それらはたんなる方法論を述べているにすぎない。大事なのは、自分の頭のなかにある思いを吐き出し、具体的なプランを練り、「見える化」することである。

②人に教える

ビジネスプランや企画書は「書き物」というアウトプットである。「書く」ではなく「話す」というのも一つのアウトプットである。

たとえば社内の企画会議でプレゼンをしたり、社外の講演会で話すなど、口頭で自分の考えや思いを伝えるというのも、有効な「出口」になりえる。

さらに、人前で話すことを一歩推し進めたのが、「人に教える」というアウトプットだ。「話す」と「教える」には歴然とした違いがある。話すは基本的に話し手から聴き手への一方通行だが、教えるは双方向のやりとりだ。相手の興味やレベルを考え、きちんと理解しているかどうかを確認しながら話を進めなければ、教えるという目的は果たせない。

人に教えるためには、人前で話す以上の勉強と準備が必要になる。自分自身が本当に理解していなければ、自信をもって人に教えることはできない。その準備の過程こそが、教える側を鍛え、力をつけるチャンスになる。

ローランド・ベルガーの東京オフィスでは、新入社員向けに手づくりのトレーニングプログラムを用意している。そして「ＰＣスキル」「チャートライティング」「リサーチ」「段取り／タイムマネジメント」「インタビュー」「アンケート調査」の六つの講座は、入社五年以内の若手コンサルタントが教材開発や指導を行なっている。

人に教えるために、考えを整理し、それを資料にまとめ、実際に指導する。相手が理解し、コンサルタントとしての基本業務ができるようになるためにはどうしたらよいのか。その責任は教える側にある。

教えるという「出口」があるからこそ、自分自身の理解を深め、わかりやすく相手に伝わるように工夫する。人に教えることは、まさに自分の力を磨くことに直結するのである。

③本や記事、論文などを書く

「書く」というのは、ビジネスプランや企画書だけとはかぎらない。自分の考えや意見を書籍や記事、あるいは論文にまとめるという機会があれば、自らの力を磨く絶好のチャンスだ。

文系のビジネスパーソンにとってはあまり馴染みがないかもしれないが、研究や開発に携わる技術系の人たちにとっては、研究成果を論文としてまとめ、学術誌などに投稿するというのはよく行なわれていることである。技術系の人たちがデータやロジックに強いと言われるのは、こうした訓練を積んでいるからだ。

自分が興味のあるテーマをみつけ、専門書を数十冊読み込み、勉強すれば、相当深いところまで理解することができる。そこに自分自身の実践経験を加味すれば、独自の成果物にまとめ上げることは十分に可能だ。

これから求められるビジネスリーダーは、「T字型」だ。経営に関する知識をひと通り学ぶ（T字の横線）だけでなく、特定のテーマについては専門家として深い知識と経験をもつ（T字の縦線）ハイブリッド的なリーダーが望まれている。

自分が関心のあるテーマについては、徹底的にそれを深め、専門誌や業界紙などに発表できるほどの知見を磨くことが大事だ。そうした努力を続ければ、一冊の書籍にまとめることも決して夢ではない。

私はこれまでに三〇冊以上の書籍を出版してきたが、最初は「一生に一冊でいいから自分の名前で本を出したい」という願望からスタートした。「いつか本を出版する」という目的意識をもちながら、自分らしいテーマを探し、出版のチャンスを求めていた。

次世代ビジネスリーダーは自分の言葉で経営を語れなければならない。自分自身の経営思想、そして自らが実践してきた経験を「書き物」として自己表現することは、力をつけるだけでなく、自分が生きた証を残すことにもなる。

第6章 「次世代ビジネスリーダー」はこう育てよ

1．経験と学習を繰り返すことでのみ人は成長する

必要なのは経営の奥深さと面白さを体感すること

ＷＢＳを退任したからといって、私はビジネス教育から足を洗ったわけではない。私なりのやり方で次世代ビジネスリーダーを育てるお手伝いができないか、常に模索している。「体系的」という言葉で知識の「切り売り」をごまかし、理屈やフレームワークを覚えればビジネスリーダーになれると勘違いさせるようなＭＢＡプログラムではなく、経営の奥深さや複雑さ、そして面白さを体感できるようなプログラムがつくれないものかと試行錯誤している。

もちろんＷＢＳという組織的な後ろ盾がなくなったので、大きな規模では展開できない。しかし、大量の「なんちゃってＭＢＡ」を生み出すより、未来を創造しうる質の高い本物のリーダーを少数精鋭で育てることのほうがはるかに重要であり、それであれば私個人でも役立てることがあるのではないかと思っている。

これまで述べてきたように、私は「経験こそが最大の学び」であると信じている。経営の実践の場で「ヒリヒリするような経験」をすることによって、人間は鍛えられ、一皮剝ける。そうした経験こそが、真の成長につながる。

教育プログラムはあくまでも補完的なものである。しかし企業内であれば、これまでの「研修」という概念を超えた「ヒリヒリ感」を伴った鍛錬の場をつくることができる。

MBA批判の急先鋒であるミンツバーグは、「ビジネス教育が最もうまくいっているのは、間違いなく日本だ」と日本企業の人材育成の取り組みを高く評価している。最近はビジネススクールや教育機関に丸投げしている日本企業も増えているので、このミンツバーグの評価はかなり割り引いて受け取らなければならない。

しかし、ミンツバーグが指摘するように、人材教育だけが突出するのではなく、計画的人事異動（ジョブローテーション）や目標管理など他の人事施策と絡ませ、さまざまな職種を経験させながら訓練を積ませる日本流のやり方は、最も合理的かつ理想的なシステムだと言える。

人は教育だけで成長するわけではない。経験と学習を繰り返すことによってのみ人は成長する。次世代リーダーは根気強く育てるしかない。

ミンツバーグはハーバード・ビジネススクールのジョン・コッター教授の言葉を引用し、ジェネラルマネジャーを育てるには時間がかかることを示唆している。「ジェネラルマネジャーを育てるには一〇〜二〇年を要し、近道はありえない」。

日本企業は人づくりについて、もっと自信をもっていい。海外でMBAがどんなに主流になろうが、日本企業は日本企業の考え方、やり方を貫けばいい。「日本人にMBAはいらない」と胸を張り、日本流のやり方で世界に通用する次世代ビジネスリーダーを育てればいいのだ。

なぜ「サイエンスするマインド」を磨くことにこだわるのか

現在、私が関わっている数社での教育プログラムで、私がこだわっているのは、「サイエンスするマインド」を磨くことである。企業経営というものを科学的な視点で捉え、成功への道筋を合理的に導き出し、それを実現する力を養うことに力点を置いている。

「サイエンスというならば、ビジネススクールだって重視しているではないか」という声もあるだろう。しかし、MBAプログラムで教えているサイエンスは、明らかにデータ分析に偏重している。

データはサイエンスの一部ではあるが、全体ではない。データのみに依存した「分析屋」は、決して経営をサイエンスしているわけではない。

さらに、ビジネススクールでは「ロジック」が重視される。私も経営コンサルタントを三十年近くやっているので、ロジカルシンキング（論理的思考）の重要性は十分に認識している。しかし「底の浅いロジック」の危険性もよく知っている。

コンサルタントブームに乗り、ロジカルシンキングに関する書籍が売れたり、それを学ぶ講座が繁盛している。理屈を考える姿勢は大事だが、ともすると自分の「屁理屈」を相手に押しつけているだけということもある。

ロジックは一つではない。ビジネスの世界には、「1＋1＝2」のような誰もが認める客観的、絶対的なロジックは存在しない。ロジックや理屈は世の中にいくらでも存在するし、いくらでもつくり出すことができる。こちらにとっては「屁理屈」でも、相手は大真面目に「理屈」だと思っている。

ひと昔前のコンサルタントは分析力やロジックで十分に勝負できた。しかし、いまは違う。変化が速く、先が読めない時代に、過去のデータに基づいた机上の分析を頼りに薄っぺらなロジックを組み立てても、ワクワクするような未来創造のシナリオを生み出すことはできない。

いま求められているのは、データやロジックに偏らず、地に足を着けながらも物事を大局的、全体的に洞察し、変化の本質を見抜いたうえで、「骨太のストーリー」を組み立て、粘り強く実行、実現することができるビジネスリーダーを育てることである。

データやロジックよりも「事実」と「構造化」を重視せよ

「サイエンスするマインド」を育むうえで、データやロジックの代わりに私が重視しているのが、「事実」と「構造化」である。この二つの視点を磨き、経営の全体像をリアルに把握する能力を鍛えることが、ジェネラルマネジャーには必須である。

「事実」とは科学的、合理的な意思決定を行なううえで欠くことのできないきわめて重要な要素である。「事実」を把握することなしに、未来を創造することはできない。

「事実」は定量と定性の二つで形成されている。データは経営をサイエンスするために欠くことのできないものだが、「事実」の一部にすぎない。また、データは過去しか示していない。データだけに依存していたのでは、未来像を描くことは困難である。「事実」において決定的に大事なのが、データでは表せない定性的事実である。より具体的に言えば、企業の現場における一次情報にこそ「未来の予兆」が潜んでいる。ジェネラルマネジャーはデータに強いだけでは務まらない。自らの足で現場を行脚《あんぎゃ》し、断片的な定性情報のなかから「未来の予兆」を摑み取り、自らの五感で未来創造のヒントを探らなければならない。

一方、「構造化」とは表層的な事象にとらわれるのではなく、その背後にあるメカニズムを総合的に把握し、全体像を見抜くことである。ジェネラルマネジャーは常に全体を見据え、全体最適を追求することが求められる。

そのためには、部分や個別ではなく、物事を構造的に捉える習慣、思考法を身につける必要がある。部分の集積が経営なのではなく、全体から部分へと展開していくものが経営だ。

すでに指摘したように、ＭＢＡプログラムの一つの欠陥は、経営を切り刻み、細分化されたきわめて狭い範囲の講義ばかりを提供していることにある。切り刻めば刻むほど、経営の全体像は摑めなくなり、全体観を見失ってしまう。

「事実」と「構造化」――この二つを柱に「サイエンスするマインド」を磨くことが、未来のジェネラルマネジャーを育てるためには必須だと私は信じている。

「鳥の眼」と「虫の眼」の複眼で「事実」に迫る

「事実」を的確に把握するためには、「鳥の眼」と「虫の眼」の複眼を磨かなければならない。「鳥の眼」とはあたかも鳥になったように空高くから全体を見渡し、大きな流れ、潮流を掴むことである。

企業経営を取り巻く大きな変化を正しく認識し、そうした変化のなかで自社の経営がどうあるべきかを考えるのが、ジェネラルマネジャーの仕事である。環境変化についていくだけでなく、環境変化を先取りするような、先見性の高い経営が求められている。

近年、企業を取り巻く環境変化は実に目まぐるしい。経営環境は決して経済的な要素だけでなく、政治的、社会的な変化に大きな影響を受け、複雑に絡み合っている。

さらに、次から次へと新たなテクノロジーが誕生し、こうした技術革新も経営に大きなインパクトを与える。技術革新によってこれまでのビジネスモデルが一気に陳腐化することもあるし、一方では新たなチャンスにもなりえる。

こうした大きな変化、潮流を読み解き、自社にとっての脅威、そして機会を見抜くことが、次世代リーダーには不可欠である。

一方、「虫の眼」とは市場や現場の最前線で起きている小さな変化に目を凝らし、そこから未来を洞察することである。未来はいきなり生まれるわけではない。そこには必ず小さな「予兆」があり、それを誰よりも先んじて摑み、活かすことが大事である。

「鳥の眼」で俯瞰していただけではみえない「予兆」が、現場には潜んでいる。虫のように地に足を着け、泥臭く自らの触覚を磨くことによって、未来創造のヒントに出会うことができる。

「鳥の眼」と「虫の眼」は複眼でこそ価値をもつ。複眼だからこそ「事実」を正しく認識することができるのだ。

ビジネスモデルの解析で「構造化」する力を磨く

「構造化」する力をつけるために有効なのが、自社のビジネスモデルを解析することである。

近年、ビジネスモデルという言葉がよく使われるようになったが、その定義や使い方はさまざまである。

私はビジネスモデルを「価値創造の循環」「儲けの仕組み」と定義している。企業は顧客にとって意味のある価値を生み出し、それによって利益を上げ、さらなる競争力強化、成長のために再投資する。どのような価値を、どのような手段・方法で生み出し、他社が真似できない独自の優位性を構築するのかを一つの循環として設計するのが、ビジネスモデルである。

第1章で海外のトップスクールのビジネスモデルについて説明した。トップスクールはランキングの上位に入り、優秀な受験生を世界中から集め、彼らを「商品」として磨き上げ、高い報酬で世界の一流企業に就職させるという循環をつくり上げることによって、ブランド力を高めている。

一方、日本のビジネススクールにはビジネスモデルらしきものがない。個々の要素は存在しても、それらがつながり、その循環によって独自の価値、優位性を生み出すことができていない。

何十年、何百年という長きにわたって存続する企業は、その会社独自のビジネスモデルを構築している。自社の強みは何か、他社にはない優位性の源泉とは何かを断片的ではなく、構造的に把握することによって、企業の全体像が浮かび上がってくる。

一般に、ミドル層は限られた範囲のなかでしか会社がみえていない。自社のビジネスモデル解析は、部分ではなく、経営全体を俯瞰し、構造的に捉える訓練としてとても有効である。

ビジネスモデルを解析するメリットは、自社の価値創造の仕組みを構造的に理解することだけに留まらない。創業以来、自社が何にこだわり、どのような考え方を大切にしてきたのかという自社独自の「ＤＮＡ」（遺伝子）を知ることにもつながる。

どの会社も最初からビジネスモデルが確立されていたわけではない。創業者、そしてそれ以降の役員、幹部たちが、厳しい競争環境のなかで他社が真似のできない独自の価値創造を追求してきたからこそ、独自のビジネスモデルが構築されたのだ。

そうした会社の歴史、物語を理解し、組織のなかに脈々と流れ、未来へと引き継がなければならない理念や思い、こだわりを認識するのも、次世代リーダーにとってはとても大切なことである。

2．NLDP――未来のジェネラルマネジャーを育てるプログラム

選抜された幹部候補生向けの特別訓練

未来のジェネラルマネジャーを育てるためのプログラムを、私は「次世代リーダー育成プログラム」（NLDP：Next Leaders Development Program）と呼んでいる。選抜された幹部候補生に、適切なタイミングで適切な訓練を授けることによって、近未来の役員候補を生み出す。これがNLDPの目的だ。

私は現在、数社のNLDPに関わっているが、ビジネススクールでは味わえなかった大きな手応えを感じている。社長やCEOなどの経営トップが直接関与し、私はファシリテーターとして幹部候補生たちに寄り添う。プログラムを通じて、彼らの意識や思考が目にみえて変わっていくのが、私にとっての喜びでもある。

主たる対象者は、課長クラスだ。日本企業を支えているのは課長などのミドル層である。このミドルのなかからこれはと思う人材を選抜し、「特別な訓練」として提供するのがN

ＬＤＰである。ＮＬＤＰは選抜教育であり、一般の階層別教育ではない。

とはいえ、ＮＬＤＰはあくまでも教育プログラムだ。ＮＬＤＰを受講したからといって、自動的に未来の経営者が育つわけではない。

繰り返し指摘するように、大事なのは教育と実践の一貫性だ。ＮＬＤＰを受けた幹部候補生たちを、次のステップとしてしかるべきチャレンジングなポジションに異動させる。その実践の場で彼らは大きな力を発揮し、真に「一皮剝ける」体験をする。ＮＬＤＰはまさに「一皮剝ける」ための「予行演習」であるとも言える。

ＭＢＡとの違いは「自社課題」に挑戦すること

ＮＬＤＰの最大の目的は、「課題解決力を磨く」ことにある。経営者はビジョンや戦略を打ち出すだけでなく、それを実現しなければならない。経営は結果がすべてである。実行力、実現力に秀でた経営者でなければ、企業価値を高めることはできない。

実行の過程では、さまざまな課題に直面する。それらの課題を一つずつ克服し、粘り強く実行する力がなければ、どんな高邁なビジョンも卓越した戦略も「絵に描《か》いた餅」で終わってしまう。

実現のための課題を明らかにし、一つずつ解決していくことこそが、マネジメントの仕事である。マネジメントとは決してかっこいいものではなく、地道で泥臭い。

課題解決力はすべての階層の人材に求められる。担当者には担当者としての、ミドルにはミドルとしての課題解決力が必要である。しかし、有能な経営幹部になるためには、企業価値を高めるための経営者としての課題解決力を磨かなければならない。

NLDPとMBAプログラムの最大の違いは、現実の「自社課題」に挑戦することである。MBAプログラムで数多くのケーススタディをこなしても、それはしょせん他企業のことであり、過去の出来事である。

それに対し、NLDPで取り組むのは自社の経営課題であり、しかも現在進行形である。リアリティや生々しさ、切迫感が明らかに異なる。ケーススタディは「おままごと」にすぎないが、NLDPは実際のキッチンのなかで調理する真剣勝負なのだ。

経営陣に自らの提言を直接ぶつけられる醍醐味

NLDPでは経営者の目線で自社課題を抽出し、その解決策を模索し、実行プランも含めた提言にまで落とし込む。その際に求められるのが、「サイエンスするマインド」である。「事実」に基づき、現状や課題を「構造化」し、全体を見据えたうえで、課題解決の道筋をつける。

そして、自らの提言を経営陣に直接ぶつける。経営陣の琴線《きんせん》に触れるような質の高い提言ができるかどうか。それこそがNLDPの目玉である。

その一助として、経営に関する理論や知識を学んだり、ケーススタディをこなすなどのMBA的な教育を行なうことはあるが、それらはあくまで予備的、補助的なものにすぎない。

出来合いの教科書やケースには、自社の課題解決の答えは書いていない。なにより大事なのは、自分の頭で考え、議論を繰り返し、課題解決のために何が必要なのか、その本質を見抜くことだ。物事をどこまで「広く、そして深く考える」ことができるかが、受講生にとってのチャレンジである。

課題解決は「課題設定」と「課題解決」の二つのステップに分かれる。NLDPでは課題を設定するところからスタートする。誰かが課題を示してくれるわけではない。混沌とした状態のなかから本質的な課題を導き出し、その解決のための道筋を明らかにする。この力が備われば、経営幹部として大きな仕事をすることができる。

そもそも自社の経営課題とは何か。いままでミドルの目線でしか自社を考えたことがなかった人が、いきなり経営全体を俯瞰する必要に迫られる。最初は戸惑うが、「全体から入る」という意識を常にもつことが肝心だ。

課題解決策の策定も同様である。経営全体を視野に入れ、部分最適ではなく、全体最適の答えをダイナミックな視点で模索しなければならない。

私は受講生たちに「目線を高く、視野を広く、時間軸を長く」と言いつづける。NLDPは「経営者の目線で考える」とはどういうことなのかを、自社を題材として体感させる教育プログラムなのである。

経営陣と対峙することで「ヒリヒリ感」が生まれる

NLDPは二つの理由でビジネススクールとは決定的に異なる。一つ目は社長・CEOをはじめとする経営トップが深く関与することである。最終の成果物は経営陣に対する経営提言であり、そのプロセスにおいても経営陣との対話、議論などを組み込む。そうしたプロセスを通じて、経営者の目線の高さ、視野の広さ、思考の深さなどを体感する。

NLDPは経営トップとの真剣勝負の場である。百戦錬磨の経営陣に意味ある提言を行なうのは容易なことではない。経験の量と深さではかなわない。通り一遍の底の浅い提言では、経営陣の琴線に触れることはできない。

経営陣が「面白い。早速やってみよう」「いい提言だ。具体化を検討しよう」と膝を打つような質の高い提言をするためには、悩みに悩み、考えに考えなければならない。そのプロセスにこそ価値がある。

教育プログラムとはいえ、経営陣と直接対峙する緊張感、不安感、高揚感は半端なものではない。それこそが「ヒリヒリ」する経験である。

二つ目の違いは、社内の守秘性の高いデータや情報にアクセスできることである。ビジネススクールで行なうケーススタディの内容は、あまりにも単純化しすぎている。大きな流れ、文脈もわからないまま、限られたデータ、情報をもとに安直に判断していたのでは、道を誤る。

実際の自社の題材をもとに提言を行なおうとすれば、さまざまなことに目配りせざるをえない。コンフィデンシャルな情報も含め多面的な情報を集め、分析し、実効性、実現性を担保した提言でなければ、経営陣の共感を得ることはできない。

ビジネススクールでの議論が「机上の空論」に終始しがちなのに対し、ＮＬＤＰは常に実行を念頭に置かなければならない。最終的な結論、提言はシンプルで力強いものであっても、そこに至る検討過程においては経営の複雑性を読み解き、多面的、多元的な視点で吟味しなければならない。

与えられたデータや情報だけで意思決定ができるのであれば、誰でも経営者になれる。しかし、未来のことは誰にもわからない。だからこそ経営トップの意思決定は重く、深い。次世代リーダーたちが経営陣と真正面から対峙し、多面的・多元的な視点を磨く。それこそが既存のビジネススクールでは提供できない最大の価値なのだ。

3．ＮＬＤＰの基本ステップ

自社課題解決のために必要な五つのステップ

図表6　自社課題解決の基本ステップ

ステップ1　自社のビジネスモデルを理解する
▼
ステップ2　自社の経営課題を抽出する
▼
ステップ3　検討すべき自社課題を選択する
▼
ステップ4　具体的な解決策を検討する
▼
ステップ5　実行可能なアクションプランに落とし込む

ＮＬＤＰの内容や進め方は各社の状況に合わせてカスタマイズするが、自社課題解決の取り組みには基本的なステップがある。それは以下の五つである（図表6）。

ステップ1．自社のビジネスモデルを理解する

すでに述べたように、「構造化」を学ぶうえで有効な方法論の一つが、「ビジネスモデル解析」である。自社の現在のビジネスモデルがどのようなものかをチームで分析し、自社の価値創造の循環、儲けの仕組みの全体像を摑むことが、最初のステップである。

ステップ2．自社の経営課題を抽出する

自社が打ち出している「ありたい姿」「めざ

すべき姿」（経営ビジョンや中長期戦略）を確認し、現在のビジネスモデルとのギャップを抽出する。「ありたい姿」「めざすべき姿」と現状とのギャップこそが、経営課題であり、その溝を埋めなければ目標に到達できない。

これまでのビジネスモデルのままでこれからもやっていけるのか、ビジネスモデルそのものが陳腐化し、再構築しなければならないのかなど、さまざまな角度から経営課題を網羅的に抽出する。

ステップ3．検討すべき自社課題を選択する

抽出された経営課題はどれも重いものばかりである。そのすべてをＮＬＤＰで検討することはできない。そのなかから解決策を検討すべき課題を選択し、課題解決に向けた具体的な検討を開始する。選択に際しては、重要性、緊急性、課題解決の難易度などの観点から評価し、優先順位づけを行なう。

ステップ4．具体的な解決策を検討する

選択した自社課題について、データなどの「事実」に基づく現状分析を行なう。次に、その課題についての「めざすべき姿」を検討し、実現に向けてのギャップを抽出する。ギャップとして認識された要解決事項を整理し、それぞれを解決するための施策を考える。

　現状分析、解決案立案に際しては、フィールドワークを行なう。顧客へのインタビュー、他社事例のヒアリングなどを通じて、未来創造のヒントを探る。机にしがみついて、データ分析に終始するのではなく、オフィスを飛び出し、社内の常識や発想を超える新たな視点、ヒントを模索することが肝要である。

ステップ5．実行可能なアクションプランに落とし込む

　解決のための施策は提言としてとりまとめ、実行プランへと落とし込む。その際には、「机上の空論」とならないように実行可能性を現場で検証する。実行に向けた「最初の一手」については、より具体的なアクションプランを明らかにする。

　こうした基本ステップを説明すると、型にはまった杓子《しゃくし》定規なものにみえるかもしれない。しかし、それぞれのステップから導き出される内容は、それぞれの会社によってまったく異なる。当然、解決策も同じものは一つとしてない。

経営は生き物である。目まぐるしく変化する環境のなかで、自らを変えていかなければ、企業は生き残ってはいけない。そのときどきの最適な「答え」をみつけ、それを遂行する「能力」を磨いた企業だけが勝ち残る。課題解決力は、企業が持続可能な成長を実現するために不可欠な根幹となる能力である。

教育者でも指導者でもなく「よき伴走者」をめざして

ＮＬＤＰにおける私の役割は、教育者でもなければ、指導者でもない。受講生たちが自らの答えを導き出すためのファシリテーターであり、ディスカッションパートナーにすぎない。悩み、もがき苦しみ、答えを出すのはあくまでも受講生である。そして、それを経営陣にぶつけるのも彼らである。

経営陣と直接対峙する「ヒリヒリ感」は、いい意味で受講生たちを追い込み、日常とは異なる思考の深さへと導く。経営者は何をどのように考え、どのような判断基準で意思決定を行なっているのかなど、自らの会社を題材に経営者の思考パターンを疑似体験することは、彼らにとって貴重な体験である。

その過程においては、迷走することもある。意見の衝突もある。そんなときに、議論の相手役を務め、論点を整理したり、解決策のヒントを一緒に悩み、考えるのが私の役目だ。「経営者の目線で考えろ」と言うのは簡単だが、実際にはとてつもなく難しい。山の頂上に登った人間にしかみえない景色を、山の頂上をめざしている人間に想像しろと言うのは無理がある。しかし、それを疑似体験することにこそNLDPの価値があるのだ。

私は次世代リーダー候補者たちが自らを鍛錬する場に「伴走者」として並走する。「よき伴走者」になることが私の目標であり、チャレンジでもある。

4．NLDPの事例① 中堅小売業X社

三つのモジュールから構成される特別教育

私が実際に携わっているNLDPの事例を二社ご紹介しよう。一社目は売上高数千億円規模の小売業X社である。独自性の高い品揃えとローコストオペレーションを実現し、高い収益性を誇っている。

X社は将来の経営幹部を育成するために、特別の教育プログラムを企画した。課長クラスから幹部候補生を選抜し、少人数で特別教育を行なうというものである。第一期生は七人が選ばれた。

この特別教育は三つのモジュールで構成されている。一つ目は、外部機関を活用した基礎教育である。経営幹部としての基本的な素養として必要な「ロジカルシンキング」「マーケティング」「アカウンティング」の講座を指定し、勤務後に外部の教育機関に通学し、学んだ。

二つ目のモジュールは、社内の他部署研修である。この会社では入社以来、専門性を磨くために同じ部署もしくは類似の部署で勤務することが多い。その部署や職務についての知識や経験は豊かになるが、経営幹部としては視野が狭くなるリスクがある。

そこで、一カ月間他部署で一社員として業務に携わる経験をさせている。たとえば、経理課の課長が実際に店舗で業務研修を受けたり、逆に店舗一筋でやってきた課長が、本社の商品政策部門で一カ月間業務に携わるなど、他部署の業務内容を実地で学んでいる。

この他部署研修は受講生にとって新鮮な体験となり、会社全体を考え、視野を広げる大きなきっかけになっている。同じ課題であっても、経理からみえる景色と店舗の現場からみえる景色はまったく異なる。大事なのはそうした複眼的視野を養うことだ。

部長になってしまったら、こうした他部署研修を行なうのは非現実的だ。課長クラスのうちに、こうした研修を通じて「自社をより広く知る」経験を積むことで、全体を捉える眼が養われる。

そして、三つ目のモジュールが、自社課題研究である。期間は約五カ月。そのあいだに、自社課題を抽出し、その解決策を検討し、最後は社長をはじめとする役員たちにプレゼンし、討議を行なう。

役員から高い評価を得たビジネスモデルの解析

自社課題研究を行なう五カ月間は、課長としての仕事をこなしながらの取り組みである。その間に七人全員が出席するワークショップを計五回行なう。私はそのファシリテーター役を務めている。

五回のワークショップでは、競争戦略の基本や現場力についての講義、外部から招いたゲストスピーカーの講話および討議を行なったあと、自社課題研究に移った。

最初に行なったのは、自社のビジネスモデルの解析である。X社は業界平均を超える高収益を上げている。受講生たちはユニークな商品やサービスの水準が他社より高い、オペレーションが効率的など、個々の要因は挙げることができるが、それらがどう結びつき、高収益につながるのかという全体のメカニズムは十分に理解していなかった。

七人の受講生は店舗、商品開発、経理などさまざまな部門から参加していた。彼らは一つのチームとして、自社のビジネスモデルの解析に取り組んだ。そして、複数の要因がつながり、それらが循環することによって、X社は独自の優位性を生み出し、それが高収益に結びついていることを理解した。

と同時に、そのビジネスモデルに小さいながらも綻《ほころ》びがみられることも認識した。その綻びをこのまま放置していたのでは、独自のビジネスモデルが回らなくなり、優位性が劣化してしまうという危惧を彼らは強く感じた。

そこで、彼らはX社のビジネスモデルをさらに進化させるための課題をさまざまな角度から抽出し、それらに対する施策の検討を行なった。

社長をはじめとする役員たちに対するプレゼンでは、ビジネスモデルの解析については高い評価を得ることができた。しかし、その後の課題認識についてはは必ずしも役員たちと同じではなかった。役員たちからは「せっかくここまで解析したのだから、違う視点で突っ込んでほしかった」などのコメントが寄せられた。

彼らはそれまでにも社内の会議などで、一課長として役員たちと議論することはあった。しかし、それはあくまでも自分の部署、職務に関するテーマに限られていた。

経営陣と経営全体を考え、議論するのは彼らにとっては初めての経験だった。高い視点、広い視野とは何かを体感する絶好の機会になったのだ。

研修後、新たな部署で実践のチャンスを得る

X社におけるこの特別研修の特徴は、七人という少数精鋭であることだ。彼らは選ばれたメンバーであることを自覚し、会社の大きな期待を感じながら、高いモチベーションでこの研修に臨んでいた。

私が参加するワークショップ以外にも多くの時間を割き、自社課題研究にコミットしていた。彼らは意見の衝突を恐れず、徹底的に議論し、本質を探る努力を続けた。

通常の業務においては、目の前の仕事をこなし、さばくことで手一杯となり、本質的な

問題を深く考えることは少ない。他部署のミドルたちと情報交換したりすることはあっても、本音で意見をぶつけ合う機会は限られている。

経営陣への提言という共通の目的に向かって、彼らはお互いの意見をぶつけ合い、ときには対立することもあった。しかし、こうした濃密な時間を経て、彼らは一つのチームになっていった。

この研修後、何人かは新たな部署へと異動になった。研修を研修で終わりにするのではなく、研修で得たものを実践で試す新たなチャンスが与えられた。学習と実践を連動させることによって、その教育効果は何倍にもなる。彼らがX社の未来を担う次世代リーダーになることを私は確信している。

5．NLDPの事例② 中堅製造業Y社

全社から約二〇人を選抜、期間は約七カ月

二社目は売上高数百億円規模の中堅製造業Y社である。産業用製品を生産・販売する老

舗メーカーである。

Y社はこれまでそれぞれの機能ごとの教育、研修は行なっていたが、次世代リーダーを育成するための教育プログラムは実施していなかった。そこで、幹部候補生として将来を期待する課長クラスを対象に、全社から約二〇人を選抜し、自社課題研究を柱とする教育プログラムを開始した。

期間は約七カ月。そのあいだに計六回のワークショップを行ない、私がファシリテーター役を務めている。

最初の二回のワークショップでは、競争戦略の基本や現場力についての講義、グループ討議を行ない、その後、X社と同様に自社のビジネスモデルの解析を行なった。

受講生は開発、生産、営業など各部門から選ばれていたが、そのほとんどは各機能のなかで長く仕事をしており、それぞれの機能の専門家ではあるが、経営全体を考える機会は少なかった。

当初は自社のビジネスモデルがどのように循環しているのかを掴むのに戸惑ったが、各機能の強みを洗い出し、その連鎖を考えることによって、Y社独自のビジネスモデルがみえてきた。

「自分たちはこうやって価値を生み出してきたのか」「これが当社の〝儲けの仕組み〟だったのか」ということをあらためて認識するとともに、これまでのビジネスモデルの限界、弱点も浮かび上がってきた。

「あるべき姿」をイメージして議論を繰り返す

自社のビジネスモデルを理解したあとに、各人が自社課題研究において掘り下げたいテーマ、問題意識を発表した。それをもとに、営業力強化、開発のスピードアップ、新規事業など四つのテーマが設定され、四チームが編成された。

各チームが最初に行なったのは、それぞれのテーマにおける「あるべき姿」をイメージすることだった。課題とは「あるべき姿」と「現状」のギャップである。「あるべき姿」を想定しないと、何が解決すべき課題なのかを正しく認識することはできない。

「あるべき姿」をイメージしなくても、現実に浮かび上がっている目の前の課題をつぶすことはできる。しかしそれは「現状改善」型のアプローチであり、大きな飛躍は期待できない。

大事なのは、目的、目標を掲げ、それを実現するために何をすべきかを考えることだ。ジェネラルマネジャーをめざすのであれば、「あるべき姿」を打ち出し、そのギャップを課題として認識する「目標達成」型のアプローチが求められる。

Y社では中期ビジョンが打ち出されていた。その中期ビジョンを踏まえ、各チームはそれぞれのテーマの「あるべき姿」を議論し、明確にしていった。

その際には、同業他社の取り組みを研究することがとても有効だった。高い業績を上げている同業他社は、それぞれが「あるべき姿」を打ち出し、それを実現するための独自の戦略を描き、その実現に向けて全社の力を結集させていた。

Y社にとっての「あるべき姿」とは何か。Y社にしかできない差別化とは何か。各チームは自分なりの「答え」を出そうと議論を繰り返した。

「鳥の眼」の神髄を実感できた会長の指摘

Y社の自社課題研究の最終報告会は、役員たちとの議論が非常に活発だった。役員たちは、問題認識や課題解決の方向性は大きくずれてはいないが、その突っ込みがまだまだ浅いと指摘した。

　同じような問題認識をもっていても、経験豊富な役員たちはその勘所を押さえていて、深いところを突いてくる。それに対し、課長クラスの指摘はまだまだ表層的なところに留まっている。

　とくに、Y社をここまで発展させてきた会長の指摘は、世の中の大きな潮流を読んだ的を射たものだった。受講生たちにとって、「鳥の眼」とは何かを肌で感じる貴重な経験だった。

　受講生の一人は、この研修終了後のアンケートに次のようなコメントを残している。

「世界でどうやって勝つのかにこだわり、ぶれない会長の姿勢に感銘を受けた。自分たちは日々どうやって勝つかに会長ほどこだわっているだろうか、と反省せざるをえない。見直すべきところは大きいと思った」。

　受講生だけではなく、経営者も真剣勝負で臨むからこそ、こうした研修から得られるものは大きい。大事なのは、知識を詰め込むことではない。創業者や経営者たちが育んできたそれぞれの会社の思いやDNAをしっかりと引き継ぐことなのである。

おわりに

二〇一六年三月十七日。私は早稲田大学・小野梓記念講堂の壇上に立っていた。目の前には二〇〇人を超える人たちが集まってくれている。小野梓は早稲田では「建学の母」と呼ばれている。そんな偉人の名が冠された講堂で、私は早稲田大学教授としての最終講義を行なった。遠藤ゼミを卒業したOB・OGたちが中心となり、退任する私のために「卒業式」を開いてくれた。教員にとってこんなに嬉しいことはない。

WBSの遠藤ゼミを卒業した学生は一〇一人にも上る。中国、台湾、韓国からの留学生もいる。この一〇一人は私にとってかけがえのない「宝物」である。

遠藤ゼミはWBSでは厳しいゼミの一つとして知られていた。現場力を標榜《ひょうぼう》するゼミなので、論文を執筆する際にはフィールドワークが必須だった。他の人が書いた経営書や研究論文を読み、考察し、まとめるだけの手抜きの論文を私は認めなかった。

設定したテーマの題材となる企業の現場に出向き、経営者や関係者に直接インタビューを行なったり、アンケート調査を実施するなど、自らの足で一次情報を集めてくることを私は学生たちに課していた。働きながら学ぶ学生たちにとっては、大きな負荷だった。

しかし、ゼミ生たちは私に食らいついてきた。有給休暇や夏休みを使って、全国各地でインタビューを行ない、私が思わず唸《うな》るような面白い材料を集めてくるゼミ生も多かった。インタビューから戻ってくると、彼ら、彼女らは顔を上気させ、「やっぱり現場に行くと、面白い話が聴けますね」と私に熱く語った。

もう一つ、私がゼミ生たちにいつも言っていたことがある。それは「論文は一人で書くのではない。チームで書くんだ」ということだ。

もちろん論文は個人で執筆し、個人名で提出する。しかし、その過程においては、ゼミ生たちがお互いに協力したり、刺激したりすることがとても大事だ。テーマがなかなか決まらない、インタビュー先のアポイントがとれない、論文のストーリーが固まらない、執筆が進まない……必ずどこかで壁にぶつかる。そのときに支えてくれるのがゼミの仲間たちだ。

一次情報にこだわる。チームで書く。論文執筆において私がこだわってきたことは、そのままビジネスの世界にも当てはまる。論文の中身もさることながら、その過程で得られるもののほうがはるかに大きいと私は信じている。

人を鍛え、育てるのはビジネススクールという「装置」ではない。人を鍛え、育てるのは、あくまでも「人」である。同様に、ＭＢＡという「学位」によって人は輝くのではない。人は「仕事」によってのみ輝く。遠藤ゼミの卒業生たちがそれぞれの仕事を究め、自分らしいキャリアを歩むことを私は心から願っている。

この十三年間、私はゆったりとしたお正月をすごしたことがなかった。毎年、年明け早々に論文提出が控えていて、年末からお正月にかけてはゼミ生たちの論文を読み込み、フィードバックすることに大忙しだったからだ。

大晦日に、何人かのゼミ生が原稿を私の自宅まで届けにくるのも年末の恒例行事だった。今年はその心配もない。来年のお正月は久しぶりにのんびりすごすことができそうだ。でも、手持ち無沙汰のお正月を少し寂しく感じるかもしれない。

二〇一六年十月

遠藤　功

2016年3月17日、教え子たちが開いてくれた最終講義後の「卒業式」にて

注記

1．ミンツバーグによれば、ビジネスの修士課程が初めて設置されたのは一九〇〇年のダートマス大学であるが、「経営学修士（MBA）」という学位を初めて設けたのは一九〇八年のハーバード大学である。

2．二〇一六年四月に早稲田大学大学院商学研究科ビジネス専攻とファイナンス研究科が統合し、経営管理研究科が誕生した。

3．「社会人の大学院ランキング2016」（日経HR）、『AERA』（二〇一六年六月六日号）の「国内主要28ビジネススクール一覧」などを参考に算出。MBAだけでなく、MOT（技術経営）、ビジネス・経営学関連の修士号、日本で開講している海外の大学のMBAプログラムを含む。総計すると、七九大学が八九のプログラムを開設し、その在籍者総数は九九〇〇人を超えている。そのほとんどが二年制プログラムなので、毎年の卒業生は五〇〇〇人程度と推計される。

4．『プレジデント』（二〇一六年七月十八日号）「弘兼憲史の『日本のキーマン』解剖」の対談記事に基づく。

5. 文部科学省「専門職大学院制度の概要」に基づく。
6. 『朝日新聞』(二〇一五年十月三日付朝刊)「会計大学院、学生が来ない」の記事に基づく。
7. 中央大学、南山大学は二〇一五年度のデータ。関西学院大学は二〇一四年度のデータ。
8. 『日本経済新聞』(二〇一六年一月二十五日付朝刊)「MBAスクールランキング特集——世界トップ500社CEO、31%が保有」の記事に基づく。
9. 『日本経済新聞』(二〇一六年一月二十五日付朝刊)「MBAスクールランキング特集——『金融より起業』潮流に変化」の記事に基づく。
10. 長江商学院パンフレットに基づく。
11. 『日本経済新聞』(二〇一六年五月二十八日付朝刊)「早稲田大学大学院経営管理研究科開設記念シンポジウム」の対談記事に基づく。
12. 吉原英樹、金雅美(二〇一五年)「逆境のなかの日本のビジネススクール」に基づく。
13. 慶應義塾大学ビジネススクール作成のケース「『慶應ビジネススクール』2012年」に基づく。
14. 『日本経済新聞』(二〇一六年七月九日付夕刊)「世界大学ランキング」の記事に基づ

く。
15.『日本経済新聞』（二〇一六年七月二十二日付朝刊）「大学ランキング、順位独り歩きに危機感」の記事に基づく。
16.『ウォール・ストリート・ジャーナル日本版』（二〇一五年十二月七日付）の記事に基づく。
17.『日本経済新聞』（二〇一六年七月十八日付朝刊）「先輩に聞く」の記事に基づく。
18.『日本経済新聞』（二〇一六年五月二十九日付朝刊）「働き方改革に終わりなし」の記事に基づく。
19. 山中伸彦（二〇一三年）「中国におけるＭＢＡ教育」に基づく。
20.『日本経済新聞』（二〇一六年三月八日付朝刊）「大学院、ＭＢＡ教育拡充へ」の記事に基づく。

参考文献

『ＭＢＡが会社を滅ぼす』ヘンリー・ミンツバーグ、日経ＢＰ社、二〇〇六年
『たかがＭＢＡ　されどＭＢＡ』奥村昭博監修、産学社、二〇〇四年
『挑戦　我がロマン』鈴木敏文、日経ビジネス人文庫、二〇一四年
『「見える化」勉強法』遠藤功、日本能率協会マネジメントセンター、二〇一〇年
日経キャリアマガジン「社会人の大学院ランキング２０１６」日経ＨＲ、二〇一五年
その他、『日本経済新聞』『朝日新聞』、雑誌『ＡＥＲＡ』などの記事を参考にした。

遠藤　功（えんどう・いさお）
ローランド・ベルガー日本法人会長。早稲田大学商学部卒業、米国ボストンカレッジ経営学修士（MBA）。三菱電機株式会社、米系戦略コンサルティング会社を経て、現職。2016年３月、13年間教鞭を執った早稲田大学ビジネススクール教授を退任。株式会社良品計画社外取締役。ヤマハ発動機株式会社社外監査役。SOMPOホールディングス株式会社社外取締役。日新製鋼株式会社社外取締役。コープさっぽろ有識者理事。
著書に、『現場力を鍛える』『見える化』『現場論』（いずれも東洋経済新報社）、『新幹線お掃除の天使たち』（あさ出版）などベストセラー多数。

図版作成／エヴリ・シンク

結論《けつろん》を言《い》おう、日本人《にほんじん》にMBAはいらない

遠藤《えんどう》　功《いさお》

2016年11月10日　初版発行
2024年３月５日　再版発行

◆◇◇

発行者　山下直久
発　行　株式会社KADOKAWA
〒102-8177　東京都千代田区富士見2-13-3
電話　0570-002-301（ナビダイヤル）

装丁者　緒方修一（ラーフイン・ワークショップ）
ロゴデザイン　good design company
オビデザイン　Zapp!　白金正之
印刷所　株式会社KADOKAWA
製本所　株式会社KADOKAWA

角川新書

ISBN978-4-04-082118-4 C0234